Die Poesie der Jahreszeiten

Jubiläums-Edition

Die Poesie der Jahreszeiten

Gedichte

Ausgewählt von
Evelyne Polt-Heinzl und
Christine Schmidjell

Philipp Reclam jun. Stuttgart

Inhalt

Frühling

Frühlingsboten

Des Lenzens Widerspruch

Wonnemonat Mai

Sommer

Sommerleben

Sommerhitze

Sommernächte

Sommersneige

Herbst

Herbst-Bilder

Alljährlich im Herbst

Herbst-Gedanken

Winter

———

Winterlandschaft

Frost

Winterfreuden

Hilfreicher Nachsatz

es – immer wieder gelingt

frühling
immer wieder dringt es
immer wieder treibt es
immer wieder lockt es
immer wieder berührt es
immer wieder verführt es
immer wieder schreibt es

sommer
immer wieder stockt es
immer wieder schaut es
immer wieder traut es
immer wieder greift es
immer wieder füllt es

herbst
immer wieder reift es
immer wieder hüllt es
immer wieder reicht es

winter
immer wieder gleicht es

frühling
immer wieder gelingt es

Frühling

Frühlingsboten

ELSE LASKER-SCHÜLER

Im Anfang
(Weltscherzo)

Hing an einer goldenen Lenzwolke,
Als die Welt noch Kind war,
Und Gott noch junger Vater war.
  Schaukelte, hei!
  Auf dem Ätherei,
  Und meine Wollhärchen flitterten ringelrei.
Neckte den wackelnden Mondgroßpapa,
Naschte Goldstaub der Sonnenmama,
In den Himmel sperrte ich Satan ein
Und Gott in die rauchende Hölle ein.
Die drohten mit ihrem größten Finger
Und haben »klumbumm! klumbumm!« gemacht
Und es sausten die Peitschenwinde!
Doch Gott hat nachher zwei Donner gelacht
Mit dem Teufel über meine Todsünde.
Würde 10 000 Erdglück geben,
Noch einmal so gottgeboren zu leben,
So gottgeborgen, so offenbar.
  Ja! Ja!
Als ich noch Gottes Schlingel war!

Vorfrühling

In dieser Märznacht trat ich spät aus meinem Haus.
Die Straßen waren aufgewühlt von Lenzgeruch und
        grünem Saatregen.
Winde schlugen an. Durch die verstörte Häusersenkung
        ging ich weit hinaus
Bis zu dem unbedeckten Wall und spürte: meinem
        Herzen schwoll ein neuer Takt entgegen.

In jedem Lufthauch war ein junges Werden ausgespannt.
Ich lauschte, wie die starken Wirbel mir im Blute
        rollten.
Schon dehnte sich bereitet Acker. In den Horizonten
        eingebrannt
War schon die Bläue hoher Morgenstunden, die ins
        Weite führen sollten.

Die Schleusen knirschten. Abenteuer brach aus allen
        Fernen.
Überm Kanal, den junge Ausfahrtwinde wellten,
        wuchsen helle Bahnen,
In deren Licht ich trieb. Schicksal stand wartend in
        umwehten Sternen.
In meinem Herzen lag ein Stürmen wie von aufgerollten
        Fahnen.

Vorfrühling

Es läuft der Frühlingswind
Durch kahle Alleen,
Seltsame Dinge sind
In seinem Wehn.

Er hat sich gewiegt,
Wo Weinen war,
Und hat sich geschmiegt
In zerrüttetes Haar.

Er schüttelte nieder
Akazienblüten
Und kühlte die Glieder,
Die atmend glühten.

Lippen im Lachen
Hat er berührt,
Die weichen und wachen
Fluren durchspürt.

Er glitt durch die Flöte
Als schluchzender Schrei,
An dämmernder Röte
Flog er vorbei.

Er flog mit Schweigen
Durch flüsternde Zimmer

Und löschte im Neigen
Der Ampel Schimmer.

Es läuft der Frühlingswind
Durch kahle Alleen,
Seltsame Dinge sind
In seinem Wehn.

Durch die glatten
Kahlen Alleen
Treibt sein Wehn
Blasse Schatten

Und den Duft,
Den er gebracht,
Von wo er gekommen
Seit gestern nacht.

SELMA MEERBAUM-EISINGER

Frühling

Sonne. Und noch ein bißchen aufgetauter Schnee
und Wasser, das von allen Dächern tropft,
und dann ein bloßer Absatz, welcher klopft,
und Straßen, die in nasser Glattheit glänzen,
und Gräser, welche hinter hohen Fenzen
dastehen, wie ein halbverscheuchtes Reh …

Himmel. Und milder, warmer Regen, welcher fällt,
und dann ein Hund, der sinn- und grundlos bellt,
ein Mantel, welcher offen weht,
ein dünnes Kleid, das wie ein Lachen steht,
in einer Kinderhand ein bißchen nasser Schnee
und in den Augen Warten auf den ersten Klee …

Frühling. Die Bäume sind erst jetzt ganz kahl
und jeder Strauch ist wie ein weicher Schall
als erste Nachricht von dem neuen Glück.
Und morgen kehren Schwalben auch zurück.

GOTTFRIED BENN

März. Brief nach Meran

Blüht nicht zu früh, ach blüht erst, wenn ich komme,
dann sprüht erst euer Meer und euren Schaum,
Mandeln, Forsythien, unzerspaltene Sonne –
dem Tal den Schimmer und dem Ich den Traum.

Ich, kaum verzweigt, im Tiefen unverbunden,
Ich, ohne Wesen, doch auch ohne Schein,
meistens im Überfall von Trauerstunden,
es hat schon seinen Namen überwunden,
nur manchmal fällt er ihm noch flüchtig ein.

So hin und her – ach blüht erst, wenn ich komme,
ich suche so und finde keinen Rat,
daß einmal noch das Reich, das Glück, das fromme,
der abgeschlossenen Erfüllung naht.

HERMANN HESSE

Märzsonne

Trunken von früher Glut
Taumelt ein gelber Falter.
Sitzend am Fenster ruht
Schläfrig gebückt ein Alter.

Singend durchs Frühlingslaub
Ist er einst ausgezogen.
So vieler Straßen Staub
Hat sein Haar überflogen.

Zwar der blühende Baum
Und die Falter die gelben
Scheinen gealtert kaum,
Scheinen heut noch dieselben.

Doch es sind Farbe und Duft
Dünner geworden und leerer,
Kühler das Licht und die Luft
Strenger zu atmen und schwerer.

Frühling summt bienenleis
Seine Gesänge, die holden.
Himmel schwingt blau und weiß,
Falter entflattert golden.

DETLEV VON LILIENCRON

Märztag

Wolkenschatten fliehen über Felder,
Blau umdunstet stehen ferne Wälder.

Kraniche, die hoch die Luft durchpflügen,
Kommen schreiend an in Wanderzügen.

Lerchen steigen schon in lauten Schwärmen,
Überall ein erstes Frühlingslärmen.

Lustig flattern, Mädchen, deine Bänder,
Kurzes Glück träumt durch die weiten Länder.

Kurzes Glück schwamm mit den Wolkenmassen,
Wollt' es halten, mußt' es schwimmen lassen.

RAINER MARIA RILKE

Wenns Frühling wird

Die ersten Keime sind, die zarten,
im goldnen Schimmer aufgesprossen;
schon sind die ersten der Karossen
　　　　　　　　　im Baumgarten.

Die Wandervögel wieder scharten
zusamm sich an der alten Stelle,
und bald stimmt ein auch die Kapelle
　　　　　　　　　im Baumgarten.

Der Lenzwind plauscht in neuen Arten
die alten, wundersamen Märchen,
und draußen träumt das erste Pärchen
　　　　　　　　　im Baumgarten.

HANNS CIBULKA

Frühling 1966
In memoriam Novalis

Vogelfüße
setzen Hieroglyphen
in den Staub der Straße.

Am Ufer der Saale
die uralten Worte
in den Zweigen
der Pappeln.

In Weißenfels drüben
der Freund,
Blütenstaub
an den Fingern.

HANS MAGNUS ENZENSBERGER

kirschgarten im schnee

i

was einst baum war, stock, hecke, zaun:
unter gehn in der leeren schneeluft
diese winzigen spuren von tusche
wie ein wort auf der seite riesigem weiß:
weiß zeichnet dies geringfügig schöne geäst
in den weißen himmel sich, zartfingrig,
fast ohne andenken, fast nur noch frost,
kaum mehr zeitheimisch, kaum noch
oben und unten, unsichtig
die linie zwischen himmel und hügel,
sehr wenig weiß im weißen:
fast nichts –

ii
und doch ist da,
eh die seite, der ort, die minute
ganz weiß wird,
noch dies getümmel geringer farben
im kaum mehr deutlichen deutlich:
eine streitschar erbitterter tüpfel:
zink-, blei-, kreideweiß,
gips, milch, schlohweiß und schimmel:
jedes von jedem distinkt:
so vielstimmig, so genau
in hellen gesprenkelten haufen,
der todesjubel der spuren.

iii
zwischen fast nichts und nichts
wehrt sich und blüht weiß die kirsche.

PAUL CELAN

Bergfrühling

In den Körben blau den Rauch der Fernen,
Gold der Tiefen unterm Tuch, dem härnen,
kommst du wieder mit gelösten Haaren
von den Bergen, wo wir Feinde waren.

Deinen Brauen, deinen heißen Wangen,
deinen Schultern mit Gewölk behangen,

34

bieten meine herbstlichen Gemächer
große Spiegel und verschwiegne Fächer.

Aber oben bei den Wasserschnellen,
über Primeln, du, und Soldanellen,
ist wie hier dein Kleid mit goldnen Schnallen
weiß ein Schnee, ein schmerzlicher, gefallen.

JOHANN WOLFGANG GOETHE

Osterspaziergang

Vom Eise befreit sind Strom und Bäche
Durch des Frühlings holden, belebenden Blick;
Im Tale grünet Hoffnungs-Glück;
Der alte Winter, in seiner Schwäche,
Zog sich in rauhe Berge zurück.
Von dorther sendet er, fliehend, nur
Ohnmächtige Schauer körnigen Eises
In Streifen über die grünende Flur;
Aber die Sonne duldet kein Weißes,
Überall regt sich Bildung und Streben,
Alles will sie mit Farben beleben;
Doch an Blumen fehlt's im Revier,
Sie nimmt geputzte Menschen dafür.
Kehre dich um, von diesen Höhen
Nach der Stadt zurück zu sehen.
Aus dem hohlen finstern Tor
Dringt ein buntes Gewimmel hervor.

Jeder sonnt sich heute so gern.
Sie feiern die Auferstehung des Herrn,
Denn sie sind selber auferstanden,
Aus niedriger Häuser dumpfen Gemächern,
Aus Handwerks- und Gewerbes-Banden,
Aus dem Druck von Giebeln und Dächern,
Aus der Straßen quetschender Enge,
Aus der Kirchen ehrwürdiger Nacht
Sind sie alle an's Licht gebracht.
Sieh nur sieh! wie behend sich die Menge
Durch die Gärten und Felder zerschlägt,
Wie der Fluß, in Breit' und Länge,
So manchen lustigen Nachen bewegt,
Und, bis zum Sinken überladen,
Entfernt sich dieser letzte Kahn.
Selbst von des Berges fernen Pfaden
Blinken uns farbige Kleider an.
Ich höre schon des Dorfs Getümmel,
Hier ist des Volkes wahrer Himmel,
Zufrieden jauchzet groß und klein:
Hier bin ich Mensch, hier darf ich's sein.

Das Lied im Grünen

Ins Grüne, ins Grüne, da lockt uns der Frühling,
Der liebliche Knabe,
Und führt uns am blumenumwundenen Stabe
Hinaus, wo die Lerchen und Amseln so wach,
In Wälder, auf Felder, auf Hügel zum Bach,
Ins Grüne, ins Grüne.

Im Grünen, im Grünen, da lebt es sich wonnig,
Da wandeln wir gerne
Und heften die Augen dahin schon von ferne,
Und wie wir so wandeln mit heiterer Brust,
Umwallet uns immer die kindliche Lust,
Im Grünen, im Grünen.

Im Grünen, im Grünen, da ruht man so wohl,
Empfindet so Schönes,
Und denket behaglich an dieses und jenes,
Und zaubert von hinnen, ach, was uns bedrückt,
Und alles herbei, was den Busen entzückt
Im Grünen, im Grünen.

Im Grünen, im Grünen, da werden die Sterne
So klar, die die Weisen
Der Vorwelt zur Leitung des Lebens uns preisen,
Da streichen die Wölkchen so zart uns dahin,
Da heitern die Herzen, da klärt sich der Sinn
Im Grünen, im Grünen.

Im Grünen, im Grünen, da wurde manch Plänchen
Auf Flügeln getragen,
Die Zukunft der grämlichen Ansicht entschlagen,
Da stärkt sich das Auge, da labt sich der Blick,
Sanft wiegen die Wünsche sich hin und zurück
Im Grünen, im Grünen.

Im Grünen, im Grünen am Morgen, am Abend
In traulicher Stille
Entkeimet manch Liedchen und manche Idylle
Und Hymen oft kränzt den poetischen Scherz,
Denn leicht ist die Lockung, empfänglich das Herz
Im Grünen, im Grünen.

O gerne im Grünen bin ich schon als Knabe
Und Jüngling gewesen
Und habe gelernt und geschrieben, gelesen
Im Horaz und Plato, dann Wieland und Kant,
Und glühenden Herzens mich selig genannt,
Im Grünen, im Grünen.

Ins Grüne, ins Grüne laßt heiter uns folgen
Dem freundlichen Knaben.
Grünt einst uns das Leben nicht fürder,
So haben wir klüglich die grünende Zeit nicht versäumt,
Und wenn es gegolten, doch glücklich geträumt,
Im Grünen, im Grünen.

Frühling

Die warme Luft, der Sonnenstrahl
Erquickt mein Herz, erfüllt das Tal.
O Gott! wie deine Schritte tönen!
In tiefer Lust die Wälder stöhnen;
Die hochgeschwellten Bäche fallen
Durch Blumen hin mit trunknem Lallen;
Sein bräutlich Lied der Vogel singt,
Die Knosp in Wonne still zerspringt;
Und drüber goldner Wolken Flug:
Die Liebe ist in vollem Zug.
An jeder Stelle möcht ich liegen,
Mit jedem Vogel möcht ich fliegen,
Ich möchte fort und möchte bleiben,
Es fesselt mich und will mich treiben.
O Lenz, du holder Widerspruch:
Ersehnte Ruh und Friedensbruch,
So heimatlich und ruhebringend,
So fremd, in alle Ferne dringend.
Das Frühlingsleuchten, treu und klar,
Erscheint dem Herzen wunderbar,
Ein stehngebliebner Freudenblitz,
In Gottes Herz ein offner Ritz;
Und wieder im Vorübersprung
Ein Himmel auf der Wanderung;
Ein irrer Geist, der weilend flieht
Und bang das Herz von hinnen zieht.

Ich wandle irr, dem Himmel nach,
Der rauschend auf mich niederbrach;
O Frühling! trunken bin ich dein!
O Frühling! ewig bist du mein!

JOSEPH VON EICHENDORFF

Frische Fahrt

Laue Luft kommt blau geflossen,
Frühling, Frühling soll es sein!
Waldwärts Hörnerklang geschossen,
Mutger Augen lichter Schein,
Und das Wirren bunt und bunter
Wird ein magisch wilder Fluß,
In die schöne Welt hinunter
Lockt dich dieses Stromes Gruß.

Und ich mag mich nicht bewahren!
Weit von Euch treibt mich der Wind,
Auf dem Strome will ich fahren,
Von dem Glanze selig blind!
Tausend Stimmen lockend schlagen,
Hoch Aurora flammend weht,
Fahre zu! ich mag nicht fragen,
Wo die Fahrt zu Ende geht!

Frühlingsglaube

Die linden Lüfte sind erwacht,
Sie säuseln und weben Tag und Nacht,
Sie schaffen an allen Enden.
O frischer Duft, o neuer Klang!
Nun, armes Herze, sei nicht bang!
Nun muß sich alles, alles wenden.

Die Welt wird schöner mit jedem Tag,
Man weiß nicht, was noch werden mag,
Das Blühen will nicht enden.
Es blüht das fernste, tiefste Tal:
Nun, armes Herz, vergiß der Qual!
Nun muß sich alles, alles wenden.

Er ists

Frühling läßt sein blaues Band
Wieder flattern durch die Lüfte;
Süße, wohlbekannte Düfte
Streifen ahnungsvoll das Land.
Veilchen träumen schon,
Wollen balde kommen.
– Horch, von fern ein leiser Harfenton!
Frühling, ja du bists!
Dich hab ich vernommen!

Des Lenzens Widerspruch

BERTOLT BRECHT

Über das Frühjahr

Lange bevor
Wir uns stürzten auf Erdöl, Eisen und Ammoniak
Gab es in jedem Jahr
Die Zeit der unaufhaltsam und heftig grünenden Bäume.
Wir alle erinnern uns
Verlängerter Tage
Helleren Himmels
Änderung der Luft
Des gewiß kommenden Frühjahrs.
Noch lesen wir in Büchern
Von dieser gefeierten Jahreszeit
Und doch sind schon lange
Nicht mehr gesichtet worden über unseren Städten
Die berühmten Schwärme der Vögel.
Am ehesten noch sitzend in Eisenbahnen
Fällt dem Volk das Frühjahr auf.
Die Ebenen zeigen es
In alter Deutlichkeit.
In großer Höhe freilich
Scheinen Stürme zu gehen:
Sie berühren nur mehr
Unsere Antennen.

man sägt
frühling
in unsrer
waldschule

mit wenig
mühsamkeit
ist er reif
zum fall

er kommt
vom baume
wie ein
kuckucksei

wir zeigen
den neuen
frühling
freudig
dem lehrer

da!

ERNST JANDL

frühlingsbeginn

weißen ich schneen
frier beißen finger
fußen eis rutschen
nasen ich tropf-tropf

JÜRGEN BECKER

Der März in der Luft des Hochhauses

Von oben gesehen, der Stand der gelben Ereignisse,
Forsythien in den Gärten. Jetzt sind es
die Geräusche der Kinder; zwischen den Wohnblocks,
auf den Flächen der Tiefgarage, so etwas wie
Leben; das ist jetzt neu. Und es ist hell;
wir kommen aus den Büros und sehen
die Sonne noch über den Hügeln, dem Rauch,
den Raffinerien. Glitzernd der Berufsverkehr
auf der Ebene zwischen den Dörfern; kurz rauscht,
wie eine eingeblendete Brandung,
die Köln-Bonner-Eisenbahn auf; ich dachte,
dieser Winter geht weiter; nasse Halden,
Nebel-Plantagen. Der Krieg zwischen uns. Aber
mit den Amseln ist jetzt zu rechnen, und
wie die Äcker grün werden, das ist, mit dem
Wiederentdecken der Farbe, über Reste ein Blick.

ULLA HAHN

Im Märzen

Im Märzen da reiß ich
den Samt vom Himmel der Sonne
mach ich die Laden dicht ich
hack der Krähe ein Auge

aus Amsel Drossel Fink und Star
dreh ich den Hals um dem Krokus
köpf ich die Knospen ich schmeiß
dir mit Veilchen die Fenster

ein jeder sehe wie
ich's treibe wenn
du nicht sofort
die Rößlein einspannst.

INGEBORG BACHMANN

Sterne im März

Noch ist die Aussaat weit. Auf treten
Vorfelder im Regen und Sterne im März.
In die Formel unfruchtbarer Gedanken
fügt sich das Universum nach dem Beispiel
des Lichts, das nicht an den Schnee rührt.

Unter dem Schnee wird auch Staub sein
und, was nicht zerfiel, des Staubes
spätere Nahrung. O Wind, der anhebt!
Wieder reißen Pflüge das Dunkel auf.
Die Tage wollen länger werden.

An langen Tagen sät man uns ungefragt
in jene krummen und geraden Linien,
und Sterne treten ab. Auf den Feldern
gedeihen oder verderben wir wahllos,
gefügig dem Regen und zuletzt auch dem Licht.

HILDE DOMIN

Der Frühling ein riesiger Specht

Der Frühling
ein riesiger Specht
hat alle Bäume verwundet.
Quellende Schnittflächen leuchten
wo das dunkle Skelett
auf die blaue Wirklichkeit trifft.

Und wie ich hinaufsehe
und du
geliebte Wunde
schmerzt und quillst,
erscheint auf dem Blau

atembestürzend
ein blutroter Fleck
nicht größer als eine Hand
und ich weiß nicht
ist es mein Herz
oder ein Kardinal
der hoch in den Zweigen sitzt
und singt.

GEORG TRAKL

Ein Frühlingsabend

Ein Strauch voll Larven; Abendföhn im März;
Ein toller Hund läuft durch ein ödes Feld
Durchs braune Dorf des Priesters Glocke schellt;
Ein kahler Baum krümmt sich in schwarzem Schmerz.

Im Schatten alter Dächer blutet Mais;
O Süße, die der Spatzen Hunger stillt.
Durch das vergilbte Rohr bricht scheu ein Wild.
O Einsamstehn vor Wassern still und weiß.

Unsäglich ragt des Nußbaums Traumgestalt.
Den Freund erfreut der Knaben bäurisch Spiel.
Verfallene Hütten, abgelebt' Gefühl;
Die Wolken wandern tief und schwarz geballt.

Im Frühling

Frühling ist da, und es ist nicht mehr Wahn
Allüberall lacht mich das Wunder an!
Frühling ist da! O so lasset uns freun
O kommet und lasset uns fröhlich sein!
Und laßt es uns feiern beim Becherklang
Und laßt uns jubeln bei Liebe und Sang.

… Doch horcht! Im Becherklingen
Da liegt ein fremder Klang
Und horcht, im lieben Singen
Da liegt ein fremder Sang.

Und unten ziehn Soldaten …
Soldaten ziehn vorbei
Die auch gesungen hatten
Vom Wiedersehn im Mai –

Wie Hohn hör ichs noch klingen
Weiß nicht wie mir geschah:
Vergaß ich Kuß und Singen
Vergaß, daß Frühling da.

GEORG BRITTING

Der wilde April

Weh, der Narr, der wilde April! Aufs neue
Regen, Schnee und wirbelndes Eis und Windstoß
Bringt er. Veilchenäugig dazwischen leuchtet
Himmlische Bläue.

Einen Tag lang tut er wie Sommer. Kinder
Singen, und am Waldrand die Steine glänzen
Goldhell. Aber schmächtigen Glauben höhnend
Krächzt er schnell: Winter!

Unbeständig spielt der Gesell und seine
Laune. Warte! Sei wie ein Kind nicht! Bald sind
Mai und Juni. Wochenlang glühn dann Wälder,
Wiesen und Steine.

ADELBERT VON CHAMISSO

Frühling und Herbst

Fürwahr, der Frühling ist erwacht;
    Den holden Liebling zu empfahn,
Hat sich mit frischer Blumenpracht
    Die junge Erde angetan.

Die muntern Vögel, lieberwärmt,
   Begehn im grünen Hain ihr Fest.
Ein jeder singt, ein jeder schwärmt,
   Und bauet emsig sich sein Nest.

Und alles lebt und liebt und singt,
   Und preist den Frühling wunderbar,
Den Frühling, der die Freude bringt;
   Ich aber bleibe stumm und starr.

Dir, Erde, gönn ich deine Zier,
   Euch, Sänger, gönn ich eure Lust,
So gönnet meine Trauer mir,
   Den tiefen Schmerz in meiner Brust.

Für mich ist Herbst; der Nebelwind
   Durchwühlet kalt mein falbes Laub;
Die Äste mir zerschlagen sind,
   Und meine Krone liegt im Staub.

ELISABETH LANGGÄSSER

Vorfrühling

Ihr wunden Wasserflächen,
was rillte euren Lauf?
Ach, in der Tiefe brechen
die alten Schmerzen auf.

Es reißt die Wolkenmütze.
Es tanzt des Lichtes Fall
im Froschmaul einer Pfütze
wie der Prinzessin Ball.

Es klagt aus allen Weiden
ein wilder, junger Glanz –
den Schildbruch mußten leiden
Gawein und Gurnemanz.

Den Bruch der Knospen-Giebel,
den wehen weißen Glanz.
Wer schildete so übel
Gawein und Gurnemanz?

Wer schmiedete vergebens
die wilde Schönheit fest,
den Knospenbruch des Lebens?
Es war der Schmied Hephäst.

Die alten Schmerzen brachen,
die Götter brechen auf:
Im Glanz der Wasserlachen
kommt Braut und Ball herauf.

Frühling

an Lilian

Ich hatte alle Kammern verschlossen und alle Fenster
                fest verrammt,
Daß nicht eindringe die Morgendrossel und nicht der
                Abend im roten Samt,
Ich habe Qual und Schrei und Verzweiflung und Schuld
                und Anklage gehäuft
Und meine Augen so fremd gemacht aus Angst, daß
                eine Träne träuft.
Ich hatte mein Herz sechsmal verpackt wie zu unendlich
                weiter Reise,
Das Saitenspiel meiner Seele zerhackt, zu hören nicht
                die ewige Weise –
Und doch am ersten Morgen schon, und doch beim
                ersten Duft Jasmin,
Da brach mein Schmerz, da schluchzt' ich auf und fiel
                zu deinen Füßen hin.

Nennen wir es »Frühlingslied«

In das Dunkel dieser alten, kalten
Tage fällt das erste Sonnenlicht.
Und mein dummes Herz blüht auf, als wüßt es nicht:
Auch der schönste Frühling kann nicht halten,
Was der werdende April verspricht.

Da, die Amseln üben schon im Chor,
Aus der Nacht erwacht die Welt zum Leben,
Pans vergessenen Flötenton im Ohr …
Veilchen tun, als hätt' es nie zuvor
Laue Luft und blauen Duft gegeben.

Die Kastanien zünden feierlich
Ihre weißen Kerzen an. Der Flieder
Bringt die totgesagten Jahre wieder,
Und es ist, als reimten alle Lieder
Sich wie damals auf »Ich liebe dich«.

– Sag mir nicht, das sei nur Schall und Rauch!
Denn wer glaubt, der forscht nicht nach Beweisen.
Willig füg ich mich dem alten Brauch,
Ist der Zug der Zeit auch am Entgleisen –
Und wie einst, in diesem Frühjahr auch
Geht mein wintermüdes Herz auf Reisen.

Osterballade

»Mimi Ostergeier suchen!«
Lächelnd hört's der stolze Vater,
innig schmunzelnd sieht's die Mutter,
wie ihr Töchterchen, die Marlis,
flehentlich zu ihnen hochschaut:
»Mimi Ostergeier suchen!«

»Marlies, es heißt Ostereier!«
Angestrengt blickt Marlis aufwärts,
doch nicht lange. Sonnig strahlend
beugt sie sich der Elternweisheit,
plappert nach, was sie gehört hat:
»Mimi! Es heiß Ostergeier!«

»Such nur deine Ostergeier!«
Schallend lacht der Vater, während
Mutter auf den nahen Waldrand
deutet, dorthin, wo seit langem
Köstliches sie wohl versteckt weiß:
»Marlis, da sind Ostereier.«

»Ostergeier! Diese Marlis!«
Voller Freude warten beide,
Vater sowie Mutter, auf die
frohen Juchzer ihrer Tochter –
ah! Da kommt auch schon der erste:
»Mimi Ostergeier funden!«

»Mami, Ostergeier böse!«
Voller Schrecken eilen beide,
Mutter sowie Vater, zu dem
Waldrand, draus die Schreie dringen,
inständig und herzzerreißend:
»Ostergeier Mimi fangen!«

»Untier, laß mir meine Marlis!«
Hoch ins Blaue reckt der Vater
noch die Hände, da die Mutter
schon erbleichend ahnt, daß keine
Macht der Welt sie je zurückholt,
Mimi und den Ostergeier.

MAX HERRMANN-NEISSE

Die Eisheiligen

Die Eisheiligen stehen mit steif gefrorenen Bärten,
aus denen der kalte Wind Schneekörner kämmt,
früh plötzlich in den blühenden Frühlingsgärten,
Nachzügler, Troß vom Winter, einsam, fremd.

Eine kurze Weile nur sind sie hilflos, betroffen,
dann stürzt die Meute auf den Blumenpfad.
Sie können nicht, sich lang zu halten, hoffen;
so wüsten sie in sinnlos böser Tat.

Von den Kastanien reißen sie die Kerzen
und trampeln tot der Beete bunten Kranz,
dem zarten, unschuldsvollen Knospenglück
                  bereiten sie hohnlachend Schmerzen,
zerstampfen junges Grün in geisterhaft verbißnem
                  Kriegestanz.

Plötzlich mitten in all dem Toben und Rasen
ist ihre Kraft vertan,
und die ersten warmen Winde blasen
aus der Welt den kurzen Wahn.

CARL ZUCKMAYER

Die drei Eisheiligen

Die drei Eisheiligen sind übers Land gezogen
Und haben ihre Winterzähne ausgespuckt,
Die sind als Hagel auf die Saat geflogen,
Jetzt schwimmt der Acker voll mit Frost gesogen,
Mit grauem Schnee die Furchen voll geschluckt.

Es prasseln schlimme Wetter
Aus ihren Augenbraun,
Der Wein hat gelbe Blätter,
Der Weizen liegt zerhaun.

Der Erste, voll Gewittern, sägt
Der jungen Bäume Wuchs zuschand.
Des Zweiten harte Frostnacht schlägt
Die junge Frucht mit Eisesbrand.

Der Dritte kriecht im Nebelschleim
Dicht übern Boden durch den Gau,
Zernagt der Halme Wurzelkeim
Und beißt der Spargeln Köpfe blau.

Viel Mäuse, Raupen, Käfer sind
In ihrer Füße Spur verreckt,
Und liegen kalt im Totenwind,
Die Beine steif empor gestreckt.

Ein Kind hat sie am Himmel fliegen sehn,
Vergaß vor Schreck den Wettersegen,
Jetzt kann es nicht mehr aufrecht gehn,
Und sieht sie nachts im Fenster stehn,
Und magert stumm dem Tod entgegen.

Die drei Eisheiligen sind übers Land gezogen,
Und haben Schwindsucht in der Felder Brust gespuckt.
Jetzt hat sie Gott in seine Riesenwogen
Voll Frost und Wärme gurgelnd eingesogen,
Und tief in seine Gräber heimgeschluckt.

Tagsüber

Ein ruhiger Junitag
bricht mir die Knochen,
verkehrt mich,
schleudert mich ans Tor,
hängt mir die Nägel an,
die mit den Farben
gelb, weiß und silberweiß,
verfehlt mich nicht,
mit keinem,
läßt nur die Narrenmütze fort,
mein Lieblingsstück,
würgt mich
mit seinen frischen Schlingen
solang bis ich noch atme.
Bleib, lieber Tag.

Wonnemonat Mai

JOHANN WOLFGANG GOETHE

Mailied

Wie herrlich leuchtet
Mir die Natur!
Wie glänzt die Sonne!
Wie lacht die Flur!

Es dringen Blüten
Aus jedem Zweig
Und tausend Stimmen
Aus dem Gesträuch

Und Freud und Wonne
Aus jeder Brust.
O Erd, o Sonne!
O Glück, o Lust!

O Lieb, o Liebe!
So golden schön,
Wie Morgenwolken
Auf jenen Höhn!

Du segnest herrlich
Das frische Feld,

Im Blütendampfe
Die volle Welt.

O Mädchen, Mädchen,
Wie lieb ich dich!
Wie blickt dein Auge!
Wie liebst du mich!

So liebt die Lerche
Gesang und Luft,
Und Morgenblumen
Den Himmelsduft,

Wie ich dich liebe
Mit warmem Blut,
Die du mir Jugend
Und Freud und Mut

Zu neuen Liedern
Und Tänzen gibst.
Sei ewig glücklich,
Wie du mich liebst!

Mai

In allen Gärten blüht der Mai,
Die Sonne steht in seinem Solde,
Der Himmel, blau und wolkenfrei,
Ist ganz durchwirkt von ihrem Golde.

Die alten Häuser in der Stadt
Lächeln mit blinkenden Fassaden,
Und seine weiße Plache hat
Der allerkleinste Krämerladen.

Und in den Straßen bunter Schwarm
In leichten, lichten Frühlingstrachten,
Die ganze Welt geht Arm in Arm
Und will vor lauter Lust verschmachten.

Die Mädchen tragen frei den Hals
Bis zu den Brüstlein unterm Mieder,
Sogar die Pfützen allenfalls
Spiegeln den blauen Himmel wider …

Was tatst denn du die lange Frist,
Mensch mit den bleichen Wangen,
Der du verschneit gewesen bist,
Was tatst du denn die lange Frist,
Um diesen Frühling zu empfangen?

Der Mai

Der Nachtigall reizende Lieder
Ertönen und locken schon wieder
Die fröhlichsten Stunden ins Jahr.
Nun singet die steigende Lerche,
Nun klappern die reisenden Störche,
Nun schwatzet der gaukelnde Star.

Wie munter sind Schäfer und Herde!
Wie lieblich beblümt sich die Erde!
Wie lebhaft ist itzo die Welt!
Die Tauben verdoppeln die Küsse,
Der Entrich besuchet die Flüsse,
Der lustige Sperling sein Feld.

Wie gleichet doch Zephyr der Floren!
Sie haben sich weislich erkoren,
Sie wählen den Wechsel zur Pflicht.
Er flattert um Sprossen und Garben;
Sie liebet unzählige Farben;
Und Eifersucht trennet sie nicht.

Nun heben sich Binsen und Keime,
Nun kleiden die Blätter die Bäume,
Nun schwindet des Winters Gestalt;
Nun rauschen lebendige Quellen
Und tränken mit spielenden Wellen
Die Tristen, den Anger, den Wald.

Wie buhlerisch, wie so gelinde
Erwärmen die westlichen Winde
Das Ufer, den Hügel, die Gruft!
Die jugendlich scherzende Liebe
Empfindet die Reizung der Triebe,
Empfindet die schmeichelnde Luft.

Nun stellt sich die Dorfschaft in Reihen,
Nun rufen euch eure Schalmeien,
Ihr stampfenden Tänzer! hervor.
Ihr springet auf grünender Wiese,
Der Bauerknecht hebet die Liese,
In hurtiger Wendung, empor.

Nicht fröhlicher, weidlicher, kühner
Schwang vormals der braune Sabiner
Mit männlicher Freiheit den Hut.
O reizet die Städte zum Neide,
Ihr Dörfer voll hüpfender Freude!
Was gleichet dem Land-Volk an Mut?

JESSE THOOR

Lied im Mai

Wieder sind die Knospen alle
an den Wegen aufgegangen.
Maienwind und Goldkoralle
in den Fliederbüschen hangen.

Wie ist, ach, der Himmel mir?
Silbertraum und blauer Hauch
trocknet alle Tränen dir.
Trocknet wohl die meinen auch.

JAKOB HARINGER

Albumblatt

Sommer durch die Lauben glüht,
Frühling zog vorbei –
Sing mir noch ein kleines Lied –
Kleines Lied vom Mai.
Wasser plätschern – trinken sacht
Meiner Armut Bild;
Einst ach hat die Frühlingsnacht
Mich in Samt gehüllt.
Sommer durch die Lauben glüht,
Frühling zog vorbei …
Sing mir noch ein kleines Lied –
Kleines Lied vom Mai

Mailied der Kinder

Am ersten Mai
Gehn Vater und Mutter in einer Reih
Kämpfen für ein beßres Leben.
Fron und Armut darf's nicht geben:
Da sind wir auch dabei.
    Grün sind die Zweige
    Die Fahne ist rot.
    Nur der Feige
    Duldet Not.

's ist Monat Mai.
Im Acker die Hälmchen stehn Reih an Reih.
Gute Ernte – gutes Leben!
Lasset uns die Hand drauf geben
Daß es die unsre sei.
    Grün sind die Fluren
    Die Fahne ist rot.
    Unser die Arbeit
    Unser das Brot!

Laubenfest

Schon hängen die Lampions wie bunte Trauben
An langen Schnüren über kleinen Beeten,
Den grünen Zäunen, und von den Staketen
Der hohen Bohnen leuchtend in die Lauben.

Gesumm von Stimmen auf den schmalen Wegen.
Musik von Trommeln und von Blechtrompeten.
Es steigen auf die ersten der Raketen,
Und platzen oben in den Silberregen.

Um einen Maibaum dreht sich Paar um Paar
Zu eines Geigers hölzernem Gestreich,
Um den mit Ehrfurcht steht die Kinderschar.

Im blauen Abend steht Gewölke weit,
Delphinen mit den rosa Flossen gleich,
Die schlafen in der Meere Einsamkeit.

Mai II

Mit Maiglöckchen
läutet das junge Jahr
seinen Duft

Der Flieder erwacht
aus Liebe zur Sonne
Bäume erfinden wieder ihr Laub
und führen Gespräche

Wolken umarmen die Erde
mit silbernem Wasser
da wächst alles besser

Schön ists im Heu zu träumen
dem Glück der Vögel zu lauschen

Es ist Zeit sich zu freuen
an atmenden Farben
zu trauen dem blühenden Wunder

Ja es ist Zeit
sich zu öffnen
allen ein Freund zu sein
das Leben zu rühmen

Maiwinter

Alles kommt anders
wenn der Wind
weiß wird
das Luftgespinst
sich verdichtet

Im Schneegestöber
Gestalten ohne Gesicht
zweidimensional

Dem frierenden Maikind
fallen die Schlüsselblumen
aus der Hand

es stiehlt sich
verschämt ins Haus
wo im wuchtigen Kachelofen
Brandrosen blühn

Der Apostel Himmelschlüssel,
das Prophetlein Männertreue,
beide rieten mir zu flüchten
unters Dach der Sterbestunde,
noch bevor die Bocksbartsterne
in die Wiesen niederkämen.
Doch ich hoffte voller Gleichmut
auf die braunen Teufelsschirme,
auf die roten Klebe-Nelken
und den blauen Hosenknopf.
Alle hatten mir geholfen
oft durch arge Maizeit kommen
ohne Hirn- und Herz-Erweichung
und nie ganz und gar verrückt.
Doch da kam der Südwindregen,
spannte ab die Teufelsschirme,
leckte ab die Klebe-Nelken,
bleichte aus den Hosenknopf
und entmächtigte so tückisch
alle meine Notzeit-Helfer.
Hätt ich jetzt den Himmelschlüssel,
hätt ich jetzt die Männertreue!
O wie würde ich gehorchen
und mit beiden überwillig
in die Sterbestunde flüchten
weg aus dieser ganz verrückten
Maizeit voll Vergiß-Dein-Nicht.

Ich hab in mich gesogen
Den Frühling treu und lieb,
Daß er, der Welt entflogen,
Hier in der Brust mir blieb.

Hier sind die blauen Lüfte,
Hier sind die grünen Aun,
Die Blumen hier, die Düfte,
Der blühnde Rosenzaun.

Und hier am Busen lehnet
Mit süßem Liebesach
Die Liebste, die sich sehnet
Den Frühlingswonnen nach.

Sie lehnt sich an, zu lauschen,
Und hört in stiller Lust
Die Frühlingströme rauschen
In ihres Dichters Brust.

Da quellen auf die Lieder
Und strömen über sie
Den vollen Frühling nieder,
Den mir der Gott verlieh.

Und wie sie, davon trunken,
Umblicket rings im Raum,
Blüht auch von ihren Funken
Die Welt, ein Frühlingstraum.

ELSE LASKER-SCHÜLER

Maienregen

Du hast deine warme Seele
Um mein verwittertes Herz geschlungen,
Und all seine dunklen Töne
Sind wie ferne Donner verklungen.

Aber es kann nicht mehr jauchzen
Mit seiner wilden Wunde,
Und wunschlos in deinem Arme
Liegt mein Mund auf deinem Munde.

Und ich höre dich leise weinen,
Und es ist – die Nacht bewegt sich kaum –
Als fiele ein Maienregen
Auf meinen greisen Traum.

MARIE LUISE KASCHNITZ

Tulpen
Für Mady

Wenn das blaue Maigewitter droht
Rauscht des Windes Klageruf im Tann
Durch die Beete geht der Tulpentod
Rührt die eine um die andre an.

Schöne Tulpen rot und flammenbunt
Schwarzgefleckte von der fremden Art
Die ihr länger als der junge Mond
Knospengleich auf schlankem Stiel verharrt:

Nicht vom Blitze werdet ihr gestreift
Nicht vom blanken Sensenhiebe wund
Nur, es ist ein Tag herangereift
Da ihr euch enthüllet bis zum Grund

Und begierig den Mänaden gleich
Die des Reigens wilder Rausch berückt
Blütenblatt um Blütenblatt verzweigt
Und das stolze Haupt zur Erde bückt – –

Bis ihr also wild hinüber geht
Sonne, Mond und Sternen aufgetan
Blatt um Blatt verstreuend auf dem Beet –
Rings indessen hebt der Sommer an.

LUDWIG CHRISTOPH HEINRICH HÖLTY

Die Mainacht

Wann der silberne Mond durch die Gesträuche blinkt,
Und sein schlummerndes Licht über den Rasen streut,
   Und die Nachtigall flötet,
    Wandl ich traurig von Busch zu Busch,

Selig preis ich dich dann, flötende Nachtigall,
Weil dein Weibchen mit dir wohnet in Einem Nest,
   Ihrem singenden Gatten
     Tausend trauliche Küsse gibt.

Überhüllet von Laub, girret ein Taubenpaar
Sein Entzücken mir vor; aber ich wende mich,
   Suche dunklere Schatten,
     Und die einsame Träne rinnt.

Wann, o lächelndes Bild, welches wie Morgenrot
Durch die Seele mir strahlt, find ich auf Erden dich?
   Und die einsame Träne
     Bebt mir heißer die Wang herab.

EUGEN GOMRINGER

der frühling wird kommen

   der frühling wird kommen
   der frühling kommt
   der frühling kam
   der frühling war gekommen

   der sommer wird bleiben
   der sommer bleibt
   der sommer blieb
   der sommer war geblieben

der herbst wird gehen
der herbst geht
der herbst ging
der herbst war gegangen

der winter wird beginnen
der winter beginnt
der winter begann
der winter hatte begonnen

der frühling wird kommen
der sommer wird bleiben
der herbst wird gehen
der winter wird beginnen

der frühling kommt
der sommer bleibt
der herbst geht
der winter beginnt

der frühling kam
der sommer blieb
der herbst ging
der winter begann

der frühling war gekommen
der sommer war geblieben
der herbst war gegangen
der winter hatte begonnen

Sommer

Sommerleben

FRIEDERIKE MAYRÖCKER

Kindersommer

Erträumter einsamer blauer Engel
in meinem Herzen läutet ein heller Regen
in meinen Händen blühen die Glockenblumen
Salbeiblüten wehen mich an
die Perlenkette der Tränen gleitet
an den liegenden Schläfen nieder
immer ist Nachmittag
immer bin ich über einer Brücke von Staub
mein Birnbaum wirft Scherben ab
leise flötet der Schatten
mein Fusz ist warm und nackt an der Erde
drüben im dunklen Bereich der Schaukel
geigt die Angst
die Stuben sind dumpf und vertraut
über den feuchten Schwellen
blühen Schwertlilien auf
Abend lila und leicht
Abend durch vergessene Fenster
Abend
ich musz mein heiszes hüstelndes Kranksein
in hohen Kissen verbergen
Nacht

ich lasse Akazienblätter treiben
ich liebe den Wind
die rauschenden runden Weiden führen irgendwohin
eine Mohnblume wartet auf mich

FRIEDRICH RÜCKERT

Kinderlied von den grünen
Sommervögeln

Es kamen grüne Vögelein
Geflogen her vom Himmel,
Und setzten sich im Sonnenschein
In fröhlichem Gewimmel
All an des Baumes Äste,
Und saßen da so feste
Als ob sie angewachsen sein.

Sie schaukelten in Lüften lau
Auf ihren schwanken Zweigen,
Sie aßen Licht und tranken Tau,
Und wollten auch nicht schweigen,
Sie sangen leise, leise
Auf ihre stille Weise
Von Sonnenschein und Himmelblau.

Wenn Wetternacht auf Wolken saß,
So schwirrten sie erschrocken;
Sie wurden von dem Regen naß,
Und wurden wieder trocken;

Die Tropfen rannen nieder
Vom grünenden Gefieder,
Und desto grüner wurde das.

Da kam am Tag der scharfe Strahl,
Ihr grünes Kleid zu sengen
Und nächtlich kam der Frost einmal,
Mit Reif es zu besprengen.
Die armen Vöglein froren,
Ihr Frohsinn war verloren,
Ihr grünes Kleid ward bunt und fahl.

Da trat ein starker Mann zum Baum,
Hub stark ihn an zu schütteln,
Vom obern bis zum untern Raum
Mit Schauer zu durchrütteln;
Die bunten Vöglein girrten,
Und ihrem Baum entschwirrten;
Wohin sie kamen, weiß man kaum.

ANONYM

Das Sommertagslied

Tra, ri, ro,
Der Sommer, der ist do!
Wir wollen naus in Garten,
Und wollen des Sommers warten,

Jo, jo, jo,
Der Sommer, der ist do.

Tra, ri, ro,
Der Sommer, der ist do!
Wir wollen hinter die Hecken,
Und wollen den Sommer wecken,
Jo, jo, jo,
Der Sommer, der ist do!

Tra, ri, ro,
Der Sommer, der ist do!
Der Sommer, der Sommer!
Der Winter hat's verloren,
Jo, jo, jo,
Der Sommer, der ist do.

Tra, ri, u.s.w.
Zum Biere, zum Biere,
Der Winter liegt gefangen,
Den schlagen wir mit Stangen,
Jo, u.s.w.

Tra, ri, u.s.w.
Zum Weine, zum Weine,
In meiner Mutter Keller,
Liegt guter Muskateller,
Jo, u.s.w.

Tra, ri, u.s.w.
Wir wünschen dem Herrn
Ein goldnen Tisch,

Auf jeder Eck ein gebacknen Fisch,
Und mitten hinein
Drei Kannen voll Wein,
Daß er dabei kann fröhlich sein.
Jo, jo, jo,
Der Sommer, der ist do.

AUGUST HEINRICH HOFFMANN
VON FALLERSLEBEN

Wie freu' ich mich der Sommerwonne!

27. Januar 1872.

Wie freu' ich mich der Sommerwonne,
Des frischen Grüns in Feld und Wald,
Wenn's lebt und webt im Glanz der Sonne
Und wenn's von allen Zweigen schallt!

Ich möchte jedes Blümchen fragen:
Hast du nicht einen Gruß für mich?
Ich möchte jedem Vogel sagen:
Sing, Vöglein, sing und freue dich!

Die Welt ist mein, ich fühl' es wieder:
Wer wollte sich nicht ihrer freu'n,
Wenn er durch frohe Frühlingslieder
Sich seine Jugend kann erneu'n?

Kein Sehnen zieht mich in die Ferne,
Kein Hoffen lohnet mich mit Schmerz:
Da wo ich bin, da bin ich gerne,
Denn meine Heimat ist mein Herz.

H. C. ARTMANN

ich hör den tosbach rauschen,
die tollkirsch reift am hang,
als alphirt will ich lauschen
der wilden vögel sang.

den stock fest in der rechten
zwing ich den steilen steg,
an wurzeln, farnen, flechten
führt mich hinan mein weg.

der wald wird immer lichter,
willkommen alpenhorn,
du morgenroter dichter,
du rohr von schrot und korn!

der senn sitzt vor der hütte
bei käse und tabak,
schöpft milch aus einer bütte,
sein jöpplein glänzt wie lack.

grüß gott, du wackrer vater,
was treibt die herde dein?
sie spielt naturtheater
wohl auf den matten mein.

ein specht erforschet mahlzeit,
indem er kräftig klopft,
man hört, wie gar nicht unweit
das harz aus arven tropft.

die luft ist frisch und lockend,
der senn steht langsam auf,
und, seinen bart abtrocknend,
spricht er: oh welten lauf!

die sonn gleißt durch die äste,
es ist ein stiller tag,
nur rinder muhn aufs beste
und schafe blöken zag.

wär ich ein herr der almen,
ich zöge nimmer fort
nach dort, wo ruß und qualmen
vernebelt jeden ort.

Die Sonne

Zwischen meinen Augenlidern fährt ein Kinderwagen.

Zwischen meinen Augenlidern geht ein Mann mit einem
Pudel.

Eine Baumgruppe wird zum Schlangenbündel und zischt
in den Himmel.

Ein Stein hält eine Rede. Bäume in Grünbrand. Fliehende
Inseln.

Schwanken und Muschelgeklingel und Fischkopf wie auf
dem Meeresboden.

Meine Beine strecken sich aus bis zum Horizont.
Eine Hofkutsche knackt

drüber weg. Meine Stiefel ragen am Horizont empor wie
die Türme einer

versinkenden Stadt. Ich bin der Riese Goliath. Ich verdaue
Ziegenkäse.

Ich bin ein Mammutkälbchen. Grüne Grasigel schnüffeln
an mir.

Gras spannt grüne Säbel und Brücken und Regenbögen
über meinen Bauch.

Meine Ohren sind rosa Riesenmuscheln, ganz offen. Mein
Körper schwillt an

von Geräuschen, die sich gefangen haben darin. Ich höre
das Meckern

des großen Pan. Ich höre die zinnoberrote Musik der Sonne.
Sie steht

links oben. Zinnoberrot sprühen die Fetzen hinaus in die
Weltnacht.

Wenn sie herunterfällt, zerquetscht sie die Stadt und die
     Kirchtürme
und alle Vorgärten voll Krokus und Hyazinthen, und wird
     einen Schall geben
wie Blech von Kindertrompeten.

Aber es ist in der Luft ein Gegeneinanderwehen von Pupur
     und Eigelb
und Flaschengrün: Schaukeln, die eine orangene Faust fest-
     hält an langen Fäden,
und ist ein Singen von Vogelhälsen, die über die Zweige
     hüpfen.
Ein sehr zartes Gestänge von Kinderfahnen.

Morgen wird man die Sonne auf einen großrädrigen Wagen
     laden
und in die Kunsthandlung Caspari fahren. Ein viehköpfiger
     Neger
mit wulstigem Nacken, Blähnase und breitem Schritt wird
     fünfzig weiß-
juckende Esel halten, die vor den Wagen gespannt sind
     beim Pyramidenbau.

Eine Menge blutbunten Volks wird sich stauen: Kinds-
     betterinnen und Ammen,
Kranke im Fahrstuhl, ein stelzender Kranich, zwei Veits-
     tänzerinnen,
ein Herr mit einer Ripsschleifenkrawatte und ein rotduften-
     der Schutzmann.

Ich kann mich nicht halten: Ich bin voller Seligkeit.
     Die Fensterkreuze
zerplatzen. Ein Kinderfräulein hängt bis zum Nabel aus
     einem Fenster heraus.

Ich kann mir nicht helfen: Die Dome zerplatzen mit Orgel-
       fugen. Ich will
eine neue Sonne schaffen. Ich will zwei gegeneinander-
       schlagen
wie Zymbeln, und meiner Dame die Hand hinreichen.
       Wir werden entschweben
in einer violetten Sänfte über die Dächer euerer
hellgelben Stadt wie Lampenschirme aus Seidenpapier
       im Zugwind.

JOACHIM RINGELNATZ

Sommerfrische

Zupf dir ein Wölkchen aus dem Wolkenweiß,
Das durch den sonnigen Himmel schreitet.
Und schmücke den Hut, der dich begleitet,
Mit einem grünen Reis.

Verstecke dich faul in die Fülle der Gräser.
Weil's wohltut, weil's frommt.
Und bist du ein Mundharmonikabläser
Und hast eine bei dir, dann spiel, was dir kommt.

Und laß deine Melodien lenken
Von dem freigegebenen Wolkengezupf.
Vergiß dich. Es soll dein Denken
Nicht weiter reichen als ein Grashüpferhupf.

Der Mann in der Stadt sagt

Ich möchte ein Haus, wo den Sommer zu haben
Ich nur vor die Haustüre treten muß –
Und da liegt schon die Wiese! Die Heuschrecken
                              springen,
Ein lieblich Getön macht der Fluß.

Dahinter die Berge, nicht hohe, sanft grüne,
Wie sie das Allgäu zu bieten hat.
Die Grashänge glänzen, vom Winde geschliffen,
Metallisch glatt.

Zum Fluß hinab führt der Haselnußpfad,
Ein steiniger, grüner Graben.
Die Nüsse tragen gekräuselte Röckchen,
Wie sie die Ballettmädchen haben.

Das Wasser ist schwarz, mit Kieseln am Grund,
Um den Felsblock dann kocht es weiß,
Und wird wieder friedlich. Dort grasen
Der Ziegenbock und die Geiß.

Der Bock hat Hörner. Schwer schlägt der Geiß
Das Euter gegen das Bein,
Und in dem Euter die seufzende Milch
Möchte gemolken sein.

Die Feder im Gras, die blaue, von wem?
Vom Häher, der waldeinwärts fliegt,
Oder vom Entenerpel, der stolz
Im schwarzweißen Wasser sich wiegt?

Ja, so ist der Sommer, ja, so ist das Haus,
In dem zu sein mich gelüstet,
Um immer am Morgen den Erpel zu sehn,
Der im blauen Golde sich brüstet,

Das finstre Fichtengedränge zu sehn,
Die schweigenden Spuren im Sand –
Und die Forelle, wenns mir gelänge,
Daß ich vertraulich das Richtige sänge,
Schmiegte sich mir in die Hand.

ANNETTE VON DROSTE-HÜLSHOFF

Im Grase

Süße Ruh', süßer Taumel im Gras,
Von des Krautes Arom' umhaucht,
Tiefe Flut, tief, tief trunkne Flut,
Wenn die Wolke am Azure verraucht,
Wenn aufs müde schwimmende Haupt
Süßes Lachen gaukelt herab,
Liebe Stimme säuselt und träuft
Wie die Lindenblüt' auf ein Grab.

Wenn im Busen die Toten dann,
Jede Leiche sich streckt und regt,
Leise, leise den Odem zieht,
Die geschloßne Wimper bewegt,
Tote Lieb', tote Lust, tote Zeit,
All die Schätze, im Schutt verwühlt,
Sich berühren mit schüchternem Klang
Gleich den Glöckchen, vom Winde umspielt.

Stunden, flücht'ger ihr als der Kuß
Eines Strahls auf den trauernden See,
Als des ziehnden Vogels Lied,
Das mir niederperlt aus der Höh',
Als des schillernden Käfers Blitz
Wenn den Sonnenpfad er durcheilt,
Als der flücht'ge Druck einer Hand,
Die zum letzten Male verweilt.

Dennoch, Himmel, immer mir nur
Dieses eine nur: für das Lied
Jedes freien Vogels im Blau
Eine Seele, die mit ihm zieht,
Nur für jeden kärglichen Strahl
Meinen farbig schillernden Saum,
Jeder warmen Hand meinen Druck
Und für jedes Glück einen Traum.

Einen Sommer lang

Zwischen Roggenfeld und Hecken
Führt ein schmaler Gang,
Süßes, seliges Verstecken
Einen Sommer lang.

Wenn wir uns von ferne sehen
Zögert sie den Schritt,
Rupft ein Hälmchen sich im Gehen,
Nimmt ein Blättchen mit.

Hat mit Ähren sich das Mieder
Unschuldig geschmückt,
Sich den Hut verlegen nieder
In die Stirn gerückt.

Finster kommt sie langsam näher,
Färbt sich rot wie Mohn,
Doch ich bin ein feiner Späher,
Kenn die Schelmin schon.

Noch ein Blick in Weg und Weite,
Ruhig liegt die Welt,
Und es hat an ihre Seite
Mich der Sturm gesellt.

Zwischen Roggenfeld und Hecken
Führt ein schmaler Gang,
Süßes, seliges Verstecken
Einen Sommer lang.

Sommer

Dich hab ich unterm Mond geträumt.

Denn die ich liebte, waren hell:
Aus Weizensaat, aus Pumafell
Weht Silber ihren Haaren.
Du saßest in Lupinenau,
Der Kerzen Gelb, der Tropfen Blau,
Mit deinen stillen Augen.

Du schienst ein hagrer roter Mann.

Dein Adlerkopf war schwarz bemähnt
Und starr, wie lang sich Locke strähnt
In westlicher Savanne.
Und Mittag war, und hohes Licht
Schuf edles Erz in dein Gesicht:
Ein Kupfer, tiefes Glimmen.

Zwei schwarze Hähne standen dir

– Doch grünmetallischen Geblinks –
Der eine rechts, der andre links,
Mit stolzen Sichelschweifen.
Das Maiskorn trug mir bloße Hand;
Ich säte schüchtern, ungewandt.
Die scharfen Schnäbel pickten.

Du rücktest nicht, du hobst den Blick

Und hieltest ihn ob einer Welt,
Drin Staubweg und Lupinenfeld,
Auf meinen warmen Nacken.
Da flog ich in dein Mähnennest
Mit meinem Mund und krallt mich fest
Und konnte nicht mehr singen.

PAUL CELAN

Ein Knirschen von eisernen Schuhn ist im Kirschbaum.
Aus Helmen schäumt dir der Sommer. Der schwärzliche
                                     Kuckuck
malt mit demantenem Sporn sein Bild an die Tore des
                                     Himmels.

Barhaupt ragt aus dem Blattwerk der Reiter.
Im Schild trägt er dämmernd dein Lächeln,
genagelt ans stählerne Schweißtuch des Feindes.
Es ward ihm verheißen der Garten der Träumer,
und Speere hält er bereit, daß die Rose sich ranke …

Unbeschuht aber kommt durch die Luft, der am meisten
                                  dir gleichet:
eiserne Schuhe geschnallt an die schmächtigen Hände,
verschläft er die Schlacht und den Sommer. Die Kirsche
                                  blutet für ihn.

GOTTFRIED BENN

Einsamer nie –

Einsamer nie als im August:
Erfüllungsstunde –, im Gelände
die roten und die goldenen Brände,
doch wo ist deiner Gärten Lust?

Die Seen hell, die Himmel weich,
die Äcker rein und glänzen leise,
doch wo sind Sieg und Siegsbeweise
aus dem von dir vertretenen Reich?

Wo alles sich durch Glück beweist
und tauscht den Blick und tauscht die Ringe
im Weingeruch, im Rausch der Dinge –:
dienst du dem Gegenglück, dem Geist.

HERMANN HESSE

Regen

Lauer Regen, Sommerregen
Rauscht von Büschen, rauscht von Bäumen,
Oh, wie gut und voller Segen,
Einmal wieder satt zu träumen!

War so lang im Hellen draußen,
Ungewohnt ist mir dies Wogen:
In der eignen Seele hausen,
Nirgend fremdwärts hingezogen.

Nichts begehr ich, nichts verlang ich,
Summe leise Kindertöne,
Und verwundert heim gelang ich
In der Träume warme Schöne.

Herz, wie bist du wundgerissen,
Und wie selig, blind zu wühlen,
Nicht zu denken, nicht zu wissen,
Nur zu fühlen, nur zu fühlen!

HANS CAROSSA

Entwicklung einer Zinnie

Knospe, halb erwacht
In Gewitternacht ...
Kern von samtenem Rubin,
Schuppiger Kelch umwindet ihn;
Doch dem Rand entschlüpfen viele
Gelbe Stifte, grüne Stiele,
Und das unvollkommene Rund
Ordnet sich von Stund zu Stund ...

Aus den Stielen, aus den Stiften
Scheinen Flügel sich zu lüften,
Blättchen fein wie Faltergold,
Noch zu Hülsen eingerollt,
Jedes Blättchen auserwählt
Und von Elfenhand gezählt, –
Noch ein einziger Tageslauf,
Und die Hülsen tun sich auf,
Sind von Purpur schon durchdrungen,
Glätten sich zu seidnen Zungen,
Und die Zünglein all, die schmalen,
Schlürfen unsichtbare Strahlen,
Blühn sich aus mit Ätherlust
In dem seligen August …

In der Mitte, hold erlesen,
Webt ein Ring von Staubgefäßen
Und umgibt als goldnes Band
Einen neuen Blütenstand.

Komm nun, feierliche Stunde,
Unbegreifliche Sekunde,
Wo der flüchtige Schein
Aufglänzt als das wahre Sein!
Mags nun welken, mags zerstieben, –
Ewig bleibt es eingeschrieben –
Zauberspruch –
In des Vaters Formenbuch.
Unscheinbar und ohne Namen
Tief im Dunkel träumt der Samen.

KARL KROLOW

Juli und August

Juli und August sind so:
aus einem Gehölz
wird ein Brunstbusch
und der Wald schweiget nicht,
knistert tödlich. Und alternativ
wächst es an kühlen Stellen,
völlig dunkel und schön feucht
vor augenblicklicher Stille.
Die stimmt nicht.
Denn still ist nasser Boden,
wo irgendwas rostet, nur,
wenn du die Hand
nicht dazwischen bringst.
Sofort macht sich etwas davon,
das du nicht kennst:
ein geringer Schleier,
der lebt.
Und Juli, August bleiben oben,
weit über Baumkronen,
mit Düsenstreifen als Zirrus
am Horizont überall
und dem Ächzen von Organismen
neben dir,
die fruchtbar sind
und sterben.

Sommerhitze

URIEL BIRNBAUM

Der Sommer

Der Himmel wölbt sich nicht – er drückt,
Als ob er flach und steinern wäre.
Weithin die Felder, Ähr' an Ähre,
Stehn unter seiner Last gebückt.

Die Ähren stehen Halm an Halm
So dicht zusammen und geschlossen,
Als ob einheitlich goldgegossen
Ihr Druck die Einzelform zermalm'.

Ein scharfer Strich, der nicht verschwimmt,
Trennt Himmel fern von Erdenfluren;
Wie Lapislazuli azuren
Mit gelbem Gold zusammenstimmt.

Nicht eine Landschaft mehr scheint dies,
Vielmehr ein Kunstwerk, kostbar steinern –
Ein Birkenstämmchen, elfenbeinern,
Ist eingelegt, sein Laub Türkis.

Am goldnen Feldrand vorne lohn,
Werk wunderbarer Juweliere,

Kleine Rubine und Saphire:
Kornblumen blau und roter Mohn!

Ins Himmelsblau sind unbewegt,
Ganz nah der goldnen Kimm der Garben,
Gerundet, weiss und irisfarben,
Perlmutterwolken eingelegt.

Und diese ganze Landschaft ruht –
Zu solchem Kunstwerk, solchem stolzen,
Durch Schöpferhand zusammgeschmolzen
In ihrer eignen Sommerglut.

ROSE AUSLÄNDER

Heumatt

Eine Atembreite Haar
gescheiterter Berge

Gestern glaubt ich
dem Gras
sein Grün

heute heumatt

Erdklumpen
auf einem Mohnrasen
lieg ich

Ameisen suchen
auf meiner Haut
Halme für ihr Heim

OSKAR LOERKE

Im Johannisheu

Müßige Gedanken steuern
In die Sümpfe zu den Mummeln,
In die Wiesen zu den Hummeln,
Braten auf heißen Meilensteinen,
Wimmeln wie mit Käferbeinen
Über Borke, Kraut und Farren,
Knarren mit im Rabenknarren
Aus dem Pflaumbaum hinter Scheuern.

Lieben Freunde, laßt mich liegen,
Denn ich weiß nicht in der Eile,
Wo in aller Welt ich weile,
Bin auf einen Baum geraten,
Werd am Meilenstein gebraten;
Kann ich, bei Mummeln ertrunken, wissen,
Daß ich lieg auf Jungheukissen?
Lieben Leute, laßt mich liegen!

ERNST JANDL

sommerlied

wir sind die menschen auf den wiesen
bald sind wir menschen unter den wiesen
und werden wiesen, und werden wald
das wird ein heiterer landaufenthalt

WOLFDIETRICH SCHNURRE

Mörder Sommer

Die Leuchtspurgeschosse
des Nachtigal-Liedes
haben die Fliederdolden
zerfetzt; die Statue des
Frühlings wurde gestürzt.
Nur Wicke schmückt noch
den Sockel; das
abgeschlagene Haupt
ist mit Bahnen
glänzenden Schleims
überzogen: vom
Salzrand des Auges
zehrt noch die Schnecke.

PETER RÜHMKORF

Auf Sommers Grill

Auf dem Grill des Sommers hingebreitet,
sonnen-krosses Laub am Ellenbogen,
und der Himmel wie ein Präser Gottes
über die entflammte Welt gezogen.

Hochgehaucht am fuffzehnten Julei,
blau, das zarte Fell des Absoluten –
mein zerfahrenes Gesicht an deinem ausgeruhten
stimmt im Letzten doch dem Flugsand bei.

Ausgeworfen oder umgehetzt,
halb im Brand und schon im Schlamm des Jahres ...
nun, mein Hundeherz, mein wunderbares,
wie's zum Sprung ansetzt!

Zögernd an der westlichen Empore,
– schwenkt der Abend schon sein Chiffon-Tuch –
und hiiinein mit Spruch und Widerspruch
in die ausgelaufne Trikolore!

Wo die Schöpfung schon ins Jenseits überlappt,
abtrimo! und ins Gewölk wie nischt ...
Goldener Schaum vorm äsenden Maul des Sommers,
losgeflockt und aus der Welt gewischt.

ROLF DIETER BRINKMANN

Einen jener klassischen

schwarzen Tangos in Köln, Ende des
Monats August, da der Sommer schon

ganz verstaubt ist, kurz nach Laden
Schluß aus der offenen Tür einer

dunklen Wirtschaft, die einem
Griechen gehört, hören, ist beinahe

ein Wunder: für einen Moment eine
Überraschung, für einen Moment

Aufatmen, für einen Moment
eine Pause in dieser Straße,

die niemand liebt und atemlos
macht, beim Hindurchgehen. Ich

schrieb das schnell auf, bevor
der Moment in der verfluchten

dunstigen Abgestorbenheit Kölns
wieder erlosch.

PETER HÄRTLING

der sommer geht

der sommer geht in schuhen aus ton
die zerbrechen wenn keiner sie abends kühlt

so badet der sommer in flüssen den schritt
und kühlt seine schuh

er sagt des jahres strophen nicht mit
und noch einen schritt
auf die sonne zu
dann bersten die schuh

GEORG TRAKL

Sommersonate

Täubend duften faule Früchte.
Büsch' und Bäume sonnig klingen,
Schwärme schwarzer Fliegen singen
Auf der braunen Waldeslichte.

In des Tümpels tiefer Bläue
Flammt der Schein von Unkrautbränden.
Hör' aus gelben Blumenwänden
Schwirren jähe Liebesschreie.

Lang sich Schmetterlinge jagen;
Trunken tanzt auf schwülen Matten
Auf dem Thymian mein Schatten.
Hell verzückte Amseln schlagen.

Wolken starre Brüste zeigen,
Und bekränzt von Laub und Beeren
Siehst du unter dunklen Föhren
Grinsend ein Gerippe geigen.

CHRISTINE LAVANT

Aus den Steinen bricht der Schweiß,
Schwalben irren sich noch tiefer
und das Wasser glänzt wie Schiefer
um den gelben Sonnenkreis.

Eine Königskerze, fahl,
brennt herab am Weg zum Ufer,
dreimal gellt der Regenrufer
und die Wolken segeln schmal.

Umgeschlagen hat der Wind –;
dort, die Sonne dreht sich gläsern
zu den sauren Grummetgräsern,
die schon halb verhungert sind.

Bald ist nichts mehr, wie es war
gestern um dieselbe Stunde,
nur der Wirbel rinnt die Runde
schwarz und lockend immerdar.

CHRISTINE BUSTA

Mittag im August

Irgendwo trottet jetzt der schwarze Eber zur Tränke,
aus den Tümpeln schlürft er die gelbe Sonne,
und die Winde schmecken nach Moor – uralt.

Das Licht ist schwer. Wie lang noch tragen's die Wälder?
Schon brechen die Wipfel und aus den Kronen prasselt
unaufhörlich der Eichelregen.

Im Felde dengelt der Schlaf die blitzende Sense,
dann rauschen schwere Schwaden. Vor seinem Schwung
stürzen wir hin mit gebrochnen Gelenken.

Sommermittag

Nun ist es still um Hof und Scheuer,
Und in der Mühle ruht der Stein;
Der Birnenbaum mit blanken Blättern
Steht regungslos im Sonnenschein.

Die Bienen summen so verschlafen;
Und in der offnen Bodenluk,
Benebelt von dem Duft des Heues,
Im grauen Röcklein nickt der Puk.

Der Müller schnarcht und das Gesinde,
Und nur die Tochter wacht im Haus;
Die lachet still und zieht sich heimlich
Fürsichtig die Pantoffeln aus.

Sie geht und weckt den Müllerburschen,
Der kaum den schweren Augen traut:
»Nun küsse mich, verliebter Junge;
Doch sauber, sauber! nicht zu laut.«

Hochsommer

Im Erntemonde, wenn die Halme bleichen
Verstummt der Vögel Sang. Die Erde ruht.
Es wächst die grüne Decke auf den Teichen,
Erstickt die Flut.

Der Brunnenschale Wasser geht zur Neige,
Der Efeu streckt die kleine Totenhand
Im Garten schlingen Ranken sich und Zweige
Zu finstrer Wand.

Die roten Beeren schimmern aus dem Laube
Es tritt der Fremde in den Garten ein
Zerpreßt die leuchtende Johannistraube
Wie Blut und Wein.

Es dämmert in der Schluchten matter Wärme
Auf faulem Teich ein Regenbogenglanz,
Bei Schilf und Lattich heben Fliegenschwärme
Sich hoch im Tanz.

Die Zeit ist kurz. Die Liebenden umgreifen
Sich jäh in wilden Ängsten, dumpf und blind.
Nah ist der Herbst. Die Frucht will reifen, reifen,
Es ruht der Wind.

Sommernächte

KLABUND

Sommerabende, ihr lauen,
Bettet mich auf eure Kissen,
Laßt in Fernen, dunkelblauen,
Meiner Träume Wimpel hissen.

Stunden, die am Tag sich placken,
Feiern nächtlich froh verwegen,
Und ich fühl um meinen Nacken
Zärtlich sich zwei Arme legen.

Ist die Seele liebeswund?
Heißren Atem haucht der Flieder,
Und der rote Himmelsmund
Neigt sich üppig zu mir nieder.

Sommerabend

Die große Sonne ist versprüht,
der Sommerabend liegt im Fieber,
und seine heiße Wange glüht.
Jach seufzt er auf: »Ich möchte lieber …«
Und wieder dann: »Ich bin so müd …«

Die Büsche beten Litanein,
Glühwürmchen hangt, das regungslose,
dort wie ein ewiges Licht hinein;
und eine kleine weiße Rose
trägt einen roten Heiligenschein.

NORBERT C. KASER

wie sind die sommerabende doch schoen
& voller trauer
das faßt den deutschen an
wie leichten schauer

& milde in den lueften
ueber driften
meilenweit
tanzt eine muecke
surrt sein leid

dieweil er sich an haenden faßt
& stoehnet unter geisteslast
& schwaeche
das ungeheuer

GOTTFRIED KELLER

Von heißer Lebenslust entglüht,
Hab ich das Sommerland durchstreift;
Drob ist der Tag schön abgeblüht
Und zu der schönsten Nacht gereift.
Ich trete auf des Berges Rücken
Einsam ins offne Waldestor
Und beuge mich mit trunknen Blicken
Hoch in die stille Landschaft vor.

Am andern Hügel drüben steht
Im Sternenschein das liebe Haus;
Aus seinem offnen Fenster weht
Ein Vorhang in die Nacht hinaus.
Das ist fürwahr ein luftig Gitter,
Das mir mein Fräulein dort verschließt!
Nur schade, daß mir armem Ritter
Der Talstrom noch dazwischen fließt!

Zieh du für mich, mein leichter Sang,
Hinüber an der Liebsten Brust!
Vielleicht trägt ihr dein ferner Klang
Zu Herzen meine Dichterlust!

Ja, ich will ihr ein Ständchen bringen,
Das weithin durch die Lüfte schallt:
So spiele du zu meinem Singen,
O Sommernacht, auf Tal und Wald!

Dein Saitenspiel im Tale liegt,
Die feinen Silberbrünnlein all;
Den Tann, der auf den Höhn sich wiegt,
Laß rauschen drein, wie Orgelschall!
Das Elfensummen und das Kosen,
Das schwellend alle Kelche regt,
Vereine mit des Stromes Tosen,
Der seine Wogen talwärts trägt!

Im Süden zieht ein Wetter auf,
Schnell werb ichs für mein Ständchen an;
Doch nehm es fernhin seinen Lauf,
Daß ich es übertönen kann!
Die Mühlen sind die Hackbrettschläger
Zuhinterst in des Tales Grund,
Die Sterne meine Fackelträger,
Sie leuchten mir im weiten Rund!

Nun will ich singen überlaut
Vor allem Land, das grünt und blüht!
Es ist kein Baum so hoch gebaut,
Darüberhin mein Sang nicht zieht;
Will eine Liederbrücke schlagen
Aus meiner Brust in ihre Brust:
Herz! wandle drauf, bis es will tagen,
Und wecke sie zu gleicher Lust!

Die Sommernacht

Wenn der Schimmer von dem Monde nun herab
In die Wälder sich ergießt, und Gerüche
Mit den Düften von der Linde
In den Kühlungen wehn;

So umschatten mich Gedanken an das Grab
Der Geliebten, und ich seh in dem Walde
Nur es dämmern, und es weht mir
Von der Blüthe nicht her.

Ich genoß einst, o ihr Todten, es mit euch!
Wie umwehten uns der Duft und die Kühlung,
Wie verschönt warst von dem Monde,
Du o schöne Natur!

CHRISTIAN MORGENSTERN

Hochsommernacht

Es ist schon etwas, so zu liegen,
im Aug der Allnacht bunten Plan,
so durch den Weltraum hinzufliegen
auf seiner Erde dunklem Kahn!

Die Grillen eifern mit den Quellen,
die murmelnd durch die Matten ziehn;
und droben wandern die Gesellen
in unerhörten Harmonien.

Und neben sich ein Kind zu spüren,
das sich an deine Schulter drängt,
und ihr im Kuß das Haar zu rühren,
das über hundert Sterne hängt ...

Es ist schon etwas, so zu reisen
im Angesicht der Ewigkeit,
auf seinem Wandler hinzukreisen,
so unaussprechlich Eins zu Zweit ...

HERMANN HESSE

Sommernacht

Tropfen sinken, die Luft ist bang.
Noch geht kein Wind.
Ein Trunkener singt die Straße entlang.
Sein Lied ist irr und schwach wie ein Kind.

Nun schweigt er ganz:
Der Himmel zerreißt
Und grell im blauweißen Glanz
Der Blitze die Straße gleißt.

Wie Getrabe von weißen Rossen
Rauscht Regen heran.
Alles Licht erlosch, alle Form zerrann,
Stürzende Wogen halten mich eingeschlossen.

CHRISTINE LAVANT

Es riecht nach Weltenuntergang
viel stärker als nach Obst und Korn,
der Vogel, der am Mittag sang,
dreht jetzt sein Opfer auf den Dorn,
ergreifend flach und ohne Schein
schiebt sich der Mond herein.

Hochsommernacht und so voll Frost!
Das Windrad geht verzweifelt um,
die Sterne scheinen nicht bei Trost,
denn jeder dreht sich wild herum,
bevor er zuckend untergeht
wie eben mein Gebet.

War das der zwölfte Stundenschlag
und mittendrin ein Hahnenschrei?
Es klang so nach dem Jüngsten Tag –
mein Herz tanzt jetzt als hohles Ei
vor meinem eigenen Gesicht,
und das ist das Gericht.

Die Vorstadt

In ihrem Viertel, in dem Gassenkot,
Wo sich der große Mond durch Dünste drängt,
Und sinkend an dem niedern Himmel hängt,
Ein ungeheurer Schädel, weiß und tot,

Da sitzen sie die warme Sommernacht
Vor ihrer Höhlen schwarzer Unterwelt,
Im Lumpenzeuge, das vor Staub zerfällt
Und aufgeblähte Leiber sehen macht.

Hier klafft ein Maul, das zahnlos auf sich reißt.
Hier hebt sich zweier Arme schwarzer Stumpf.
Ein Irrer lallt die hohlen Lieder dumpf,
Wo hockt ein Greis, des Schädel Aussatz weißt.

Es spielen Kinder, denen früh man brach
Die Gliederchen. Sie springen an den Krücken
Wie Flöhe weit und humpeln voll Entzücken
Um einen Pfennig einem Fremden nach.

Aus einem Keller kommt ein Fischgeruch,
Wo Bettler starren auf die Gräten böse.
Sie füttern einen Blinden mit Gekröse.
Er speit es auf das schwarze Hemdentuch.

Bei alten Weibern löschen ihre Lust
Die Greise unten, trüb im Lampenschimmer,

Aus morschen Wiegen schallt das Schreien immer
Der magren Kinder nach der welken Brust.

Ein Blinder dreht auf schwarzem, großem Bette
Den Leierkasten zu der Carmagnole,
Die tanzt ein Lahmer mit verbundener Sohle.
Hell klappert in der Hand die Kastagnette.

Uraltes Volk schwankt aus den tiefen Löchern,
An ihre Stirn Laternen vorgebunden.
Bergmännern gleich, die alten Vagabunden.
Um einen Stock die Hände, dürr und knöchern.

Auf Morgen geht's. Die hellen Glöckchen wimmern
Zur Armesündermette durch die Nacht.
Ein Tor geht auf. In seinem Dunkel schimmern
Eunuchenköpfe, faltig und verwacht.

Vor steilen Stufen schwankt des Wirtes Fahne,
Ein Totenkopf mit zwei gekreuzten Knochen.
Man sieht die Schläfer ruhn, wo sie gebrochen
Um sich herum die höllischen Arkane.

Am Mauertor, in Krüppeleitelkeit
Bläht sich ein Zwerg in rotem Seidenrocke,
Er schaut hinauf zur grünen Himmelsglocke,
Wo lautlos ziehn die Meteore weit.

Sommersneige

FRIEDRICH HEBBEL

Sommerbild

Ich sah des Sommers letzte Rose stehn,
   Sie war, als ob sie bluten könne, rot;
Da sprach ich schaudernd im Vorübergehn:
   So weit im Leben, ist zu nah am Tod!

Es regte sich kein Hauch am heißen Tag,
   Nur leise strich ein weißer Schmetterling;
Doch, ob auch kaum die Luft sein Flügelschlag
   Bewegte, sie empfand es und verging.

CARL ZUCKMAYER

Fülle der Zeit

Des Sommers Mitte, halb schon überschritten,
Umspannt das Land mit Bögen seiner Pracht,
Durch die Augustus donnernd eingeritten –
Sternschnuppenschwärme folgten ihm zur Nacht –

Und all die frühen Früchte sind geerntet,
Das Korn geschnitten und das Gras gemäht.
Die Blumen, die ihr frühlings nennen lerntet,
Sind längst verweht und welkend ausgesät.

Hat je ein Duft wie Abendphlox geduftet?
Blaut' je ein Tag so tief wie Eisenhut?
Sind nun die Sinne wurzelhaft entgruftet
Und trinken, vollmondgleich, aus reifster Flut?

Erfüllte Zeit! Wir opfern deiner Fülle,
Die uns mit Nächten ohne Stern umschwarzt.
Doch bald macht uns des Herbstes große Stille
Um so viel reicher, als du ärmer wardst.

ROSE AUSLÄNDER

Spätsommer

Die Farben der Anemonen
werden bleich

Mach dir nichts vor
es geht zu Ende

Unsichtbare Raubtiere
schleichen
um deine Lebenslust

Angst durchbohrt
deinen Sommertraum

Bald
blühen Eisblumen

Erfinde
ein Apfellied

GEORG TRAKL

Sommersneige

Der grüne Sommer ist so leise
Geworden, dein kristallenes Antlitz.
Am Abendweiher starben die Blumen,
Ein erschrockener Amselruf.

Vergebliche Hoffnung des Lebens. Schon rüstet
Zur Reise sich die Schwalbe im Haus
Und die Sonne versinkt am Hügel;
Schon winkt zur Sternenreise die Nacht.

Stille der Dörfer; es tönen rings
Die verlassenen Wälder. Herz,
Neige dich nun liebender
Über die ruhige Schläferin.

Der grüne Sommer ist so leise
Geworden und es läutet der Schritt
Des Fremdlings durch die silberne Nacht.
Gedächte ein blaues Wild seines Pfads,

Des Wohllauts seiner geistlichen Jahre!

INGEBORG BACHMANN

Die große Fracht

Die große Fracht des Sommers ist verladen,
das Sonnenschiff im Hafen liegt bereit,
wenn hinter dir die Möwe stürzt und schreit.
Die große Fracht des Sommers ist verladen.

Das Sonnenschiff im Hafen liegt bereit,
und auf die Lippen der Galionsfiguren
tritt unverhüllt das Lächeln der Lemuren.
Das Sonnenschiff im Hafen liegt bereit.

Wenn hinter dir die Möwe stürzt und schreit,
kommt aus dem Westen der Befehl zu sinken;
doch offnen Augs wirst du im Licht ertrinken,
wenn hinter dir die Möwe stürzt und schreit.

Erinnerung an die Marie A.

1

An jenem Tag im blauen Mond September
Still unter einem jungen Pflaumenbaum
Da hielt ich sie, die stille bleiche Liebe
In meinem Arm wie einen holden Traum.
Und über uns im schönen Sommerhimmel
War eine Wolke, die ich lange sah
Sie war sehr weiß und ungeheuer oben
Und als ich aufsah, war sie nimmer da.

2

Seit jenem Tag sind viele, viele Monde
Geschwommen still hinunter und vorbei
Die Pflaumenbäume sind wohl abgehauen
Und fragst du mich, was mit der Liebe sei?
So sag ich dir: Ich kann mich nicht erinnern.
Und doch, gewiß, ich weiß schon, was du meinst
Doch ihr Gesicht, das weiß ich wirklich nimmer
Ich weiß nur mehr: Ich küßte es dereinst.

3

Und auch den Kuß, ich hätt ihn längst vergessen
Wenn nicht die Wolke da gewesen wär
Die weiß ich noch und werd ich immer wissen
Sie war sehr weiß und kam von oben her.

Die Pflaumenbäume blühn vielleicht noch immer
Und jene Frau hat jetzt vielleicht das siebte Kind
Doch jene Wolke blühte nur Minuten
Und als ich aufsah, schwand sie schon im Wind.

HERMANN HESSE

Spätsommer

Noch schenkt der späte Sommer Tag um Tag
Voll süßer Wärme. Über Blumendolden
Schwebt da und dort mit müdem Flügelschlag
Ein Schmetterling und funkelt sammetgolden.

Die Abende und Morgen atmen feucht
Von dünnen Nebeln, deren Naß noch lau.
Vom Maulbeerbaum mit plötzlichem Geleucht
Weht gelb und groß ein Blatt ins sanfte Blau.

Eidechse rastet auf besonntem Stein,
Im Blätterschatten Trauben sich verstecken.
Bezaubert scheint die Welt, gebannt zu sein
In Schlaf, in Traum, und warnt dich, sie zu wecken.

So wiegt sich manchmal viele Takte lang
Musik, zu goldener Ewigkeit erstarrt,
Bis sie erwachend sich dem Bann entrang
Zurück zu Werdemut und Gegenwart.

Wir Alten stehen erntend am Spalier
Und wärmen uns die sommerbraunen Hände.
Noch lacht der Tag, noch ist er nicht zu Ende,
Noch hält und schmeichelt uns das Heut und Hier.

GÜNTER EICH

Ende eines Sommers

Wer möchte leben ohne den Trost der Bäume!

Wie gut, daß sie am Sterben teilhaben!
Die Pfirsiche sind geerntet, die Pflaumen färben sich,
während unter dem Brückenbogen die Zeit rauscht.

Dem Vogelzug vertraue ich meine Verzweiflung an.
Er mißt seinen Teil von Ewigkeit gelassen ab.
Seine Strecken
werden sichtbar im Blattwerk als dunkler Zwang,
die Bewegung der Flügel färbt die Früchte.

Es heißt Geduld haben.
Bald wird die Vogelschrift entsiegelt,
unter der Zunge ist der Pfennig zu schmecken.

Vorm Springbrunnenstrahl

Der Sommer brennt nicht mehr auf meine Haut,
Ich habe viel zu lang in die Ferne geschaut,
Daß mich das nächste Gartenbeet nicht mehr kennt,
Und mich der alte Buchsbaum schon Fremdling nennt.
Wie der Strahl des Springbrunnens sprang ich einmal
Hinein in den luftblauen Sommersaal.
Und fiel zurück und sprang von neuem auf gut Glück,
Wie ein springender Baum in der Bäume Zahl;
Und sprang doch nur täglich dasselbe Stück,
Wie der Springbrunnenstrahl, immer hoch und zurück.
Ich stehe noch immer am selben Teich,
Ringsum sommert dunkel das Blätterreich.
Viele Sommer streiften ab ihre grünen Häute;
Doch der Springbrunnen tanzt noch für die gaffenden
Leute,
Und die gelben Fische schwimmen noch ihren Schatten
nach
Und wedeln drunten in ihrem glashellen Gemach.
Mir ist, ich stehe seit meiner ersten Lebensstund'
Hier am durchsichtigen Teich und sehe zum Grund,
Bald zur Höhe ins Kahle, und bald in die flache
Wasserschale;
Indessen mein Blut verbraust, gleich dem scharfen
Strahle,
Der aus der Erde saust und sich losreißt als ein
schäumender Geist,
Und dem doch nie gelingt, daß er vom Platz fortspringt;

Der seinen Satz hinsingt mit neuem Munde, immer
                              wieder heftig und kurz,
Und nichts der Höhe abringt, als jede Sekunde seinen
                              eigenen Sturz.

GOTTFRIED BENN

Tag, der den Sommer endet

Tag, der den Sommer endet,
Herz, dem das Zeichen fiel:
die Flammen sind versendet,
die Fluten und das Spiel.

Die Bilder werden blasser,
entrücken sich der Zeit,
wohl spiegelt sie noch ein Wasser,
doch auch dies Wasser ist weit.

Du hast eine Schlacht erfahren,
trägst noch ihr Stürmen, ihr Fliehn,
indessen die Schwärme, die Scharen,
die Heere weiter ziehn.

Rosen und Waffenspanner,
Pfeile und Flammen weit –:
die Zeichen sinken, die Banner –:
Unwiederbringlichkeit.

Sibylle des Sommers

September schleudert die Wabe des Lichts
Weit über die felsigen Gärten aus.
Noch will die Sibylle des Sommers nicht sterben.
Den Fuß im Nebel und starren Gesichts
Bewacht sie das Feuer im laubigen Haus,
Wo Mandelschalen als Urnenscherben
Zersplittert im harten Weggras liegen.
Das Schilfblatt neigt sich, das Wasser zu kerben.
Die Spinnen reisen, die Fäden fliegen.
Noch will die Sibylle des Sommers nicht sterben.
Sie knotet ihr Haar in den Bäumen fest.
Die Feige leuchtet in klaffender Fäule.
Und weiß und rund wie das Ei der Eule
Glänzt abends der Mond im dünnen Geäst.

GÜNTER GRASS

Bohnen und Birnen

Bevor die grünen Dotter welken, –
die Hennen brüten einen frühen Herbst, –
jetzt gleich, bevor die Scherenschleifer
den Mond mit hartem Daumen prüfen,
der Sommer hängt noch an drei Fäden,
den Frost verschließt ein Medaillon,
noch eh der Schmuck, verwandt dem Regen wandert,
noch eh die Hälse nackt, vom Nebel halb begriffen,
bevor die Feuerwehr die Astern löscht
und Spinnen in die Gläser fallen,
um so der Zugluft zu entgehen,
vorher, bevor wir uns verkleiden,
in ärmliche Romane wickeln,
laßt uns noch grüne Bohnen brechen.
Mit gelben Birnen, einer Nelke,
mit Hammelfleisch laßt uns die grünen Bohnen,
mit schwarzer Nelke und mit gelben Birnen,
so wollen wir die grünen Bohnen essen,
mit Hammelfleisch mit Nelke und mit Birnen.

Herbst

Herbst-Bilder

HILDE DOMIN

Es knospt
unter den Blättern
das nennen sie Herbst.

REINHARD PRIESSNITZ

herbst

auf, sagte die sonne, die säge.
da summte die blume, diese. die
wiese weilte, da meinte die erde,
rede. nun hiess das, meine. schon.
unsummen sommers, und am lande,
soweit der himmel. ab, zögernd,
stand weilend über der blüte.
du güte! aufsaugte die blume
den sommer. da sägte die rede
weiter. abzogen die hummeln.
nun hiess das. der lümmel
hielt abstand für eine weile, für
eine welle. landend, das trübe.

da sickerte die sonne zur sage,
zur sau! die erde sodann, summte.
welkend, die weile, blühte,
als sengte sommer die wiese. rede,
und dies, weil. das hiess, die
himmel zögen. ab stand der aufstand,
die absage, und zagte, eingesargt.
zarte säge! daraus das aufgeblähte,
weiter aufs land runter lümmelnde.
weilende weile, das heisst, gute
sengende sau blume. steh auf! und dies,
weil. dann insgesamt das gesummte,
die unverblümte unsumme. so weit
der himmel. absackte, absagend, die
sonne, aufsagte die sonne. auf!

JOHANN GAUDENZ VON SALIS-SEEWIS

Herbstlied

Bunt sind schon die Wälder,
Gelb die Stoppelfelder,
Und der Herbst beginnt.
Rote Blätter fallen,
Graue Nebel wallen,
Kühler weht der Wind.

Wie die volle Traube
Aus dem Rebenlaube
Purpurfarbig strahlt!
Am Geländer reifen
Pfirsiche mit Streifen
Rot und weiß bemalt.

Sieh! Wie hier die Dirne
Emsig Pflaum und Birne
In ihr Körbchen legt!
Dort mit leichten Schritten,
Jene, goldne Quitten
In den Landhof trägt!

Flinke Träger springen,
Und die Mädchen singen,
Alles jubelt froh!
Bunte Bänder schweben,
Zwischen hohen Reben,
Auf dem Hut von Stroh!

Geige tönt und Flöte
Bei der Abendröte
Und im Mondenglanz;
Junge Winzerinnen
Winken und beginnen
Deutschen Ringeltanz.

Septemberliches Lied vom Storch

Die Sonne brennt noch überm Luch,
vom Grummet weht der Grasgeruch,
die Beere kocht im Brombeerschlag
und lang noch steht die Sonn' im Tag.

Er aber glaubt nicht mehr ans Jahr,
der auf dem First zu Hause war.
Nach Süden schwang sein Flügelschlag,
steht lang auch noch die Sonn' im Tag.

Die Frösche quarren doppelt hell,
die Maus zeigt unbesorgt ihr Fell.
Der ihnen auf der Lauer lag,
er schwang sich fort vor Tau und Tag,

obgleich noch wie im Sommerwind
die Spinne ihre Fäden spinnt,
die Mücke tanzt im Weidenhag
und lang noch steht die Sonn' im Tag.

Die letzte Kornblume

Sie ging, den Weg zu kürzen, übers Feld. Es war gemäht.
Die Ähren eingefahren. Die braunen Stoppeln stachen in
die Luft, als hätte sich der Erdgott schlecht rasiert. Sie
ging und ging. Und plötzlich traf sie auf die letzte blaue
Blume dieses Sommers. Sie sah die Blume an. Die Blume
sie. Und beide dachten (sofern die Menschen denken
können, dachte die Blume…) dachten ganz das gleiche:
Du bist die letzte Blüte dieses Sommers, du blühst, von
lauter totem Gras umgeben. Dich hat der Sensenmann
verschont, damit ein letzter lauer Blütenduft über die
abgestorbene Erde wehe – Sie bückte sich. Und brach die
blaue Blume. Sie rupfte alle Blütenblätter einzeln: Er liebt
mich – liebt mich nicht – er liebt mich … nicht. – Die
blauen Blütenfetzen flatterten wie Himmelsfetzen über
braune Stoppeln. Ihr Auge glänzte feucht – vom Abend-
tau, der kühl und silbern auf die Felder fiel wie aus des
Mondes Silberhorn geschüttet.

PAULA LUDWIG

Jahresneige

Die Linde ist schon lang verblüht
doch steht ihr Innres noch voll Duft

Das Julifeuer ist verglüht
doch wärmt es noch die dunkle Luft

Gesang der Grille ist verstummt
doch zittert noch im Gras ihr Lied

Noch eine goldne Biene summt
um Blumen – die es nicht mehr gibt –

Am Waldessaum erschrickt ein Wild
vor einem Baume – der entlaubt

Im Weiher spiegelt sich sehr mild
der Sonnenblume schwarzes Haupt –

Vom Rauch der Hütten angelockt
die zahme Herde talwärts wankt

Vom Strauch die bittre Beere brockt
die alte Hand – die nicht mehr dankt –

Der Wandrer prüft des Himmels Blau
und zögert mit dem leichten Schritt –

Am Ufer winkt noch eine Frau
dem Segel nach – das längst entglitt –

Des Landmanns Auge zieht den Kreis
noch einmal um die ganze Flur

und sinnt ein Wort – das niemand weiß
als jener – der vorüberfuhr

Des sommerlichen Fischers Boot
ist nun von großen Dingen leer

was er noch fing im Abendrot
wirft er zurück ins weite Meer – –

HERMANN HESSE

Herbstgeruch

Wieder hat ein Sommer uns verlassen,
Starb dahin in einem Spätgewitter.
Regen rauscht geduldig, und im nassen
Walde duftet es so bang und bitter.

Herbstzeitlose starrt im Grase bläßlich
Und der Pilze wucherndes Gedränge.
Unser Tal, noch gestern unermeßlich
Weit und licht, verhüllt sich und wird enge.

Enge wird und duftet bang und bitter
Diese Welt, dem Lichte abgewendet.
Rüsten wir uns auf das Spätgewitter,
Das des Lebens Sommertraum beendet!

GOTTFRIED BENN

Astern

Astern –, schwälende Tage,
alte Beschwörung, Bann,
die Götter halten die Waage
eine zögernde Stunde an.

Noch einmal die goldenen Herden
der Himmel, das Licht, der Flor,
was brütet das alte Werden
unter den sterbenden Flügeln vor?

Noch einmal das Ersehnte,
den Rausch, der Rosen Du –,
der Sommer stand und lehnte
und sah den Schwalben zu,

noch einmal ein Vermuten,
wo längst Gewißheit wacht:
die Schwalben streifen die Fluten
und trinken Fahrt und Nacht.

DETLEV VON LILIENCRON

Herbst

Astern blühen schon im Garten,
Schwächer trifft der Sonnenpfeil.
Blumen, die den Tod erwarten
Durch des Frostes Henkerbeil.

Brauner dunkelt längst die Heide,
Blätter zittern durch die Luft.
Und es liegen Wald und Weide
Unbewegt in blauem Duft.

Pfirsich an der Gartenmauer,
Kranich auf der Winterflucht.
Herbstes Freuden, Herbstes Trauer,
Welke Rosen, reife Frucht.

KARL KROLOW

Der Herbst

Der Herbst ist ein hellgelber Strauch
mit unbekanntem Namen
und Spuren Gold oder auch
ein feiner Geruch, ist ein Hauch
von Worten, die wortlos kamen

und wortlos blieben. Die Luft
ist nun ein goldener Rauch.
Ein unbekannter Duft
ist stärker als alle Namen.
Und namenlos brennt der Strauch
für alle, die spät noch kamen,
vergingen im goldenen Rauch.

GERHART HAUPTMANN

Blätterfall

Er kommt heran mit leisem Schritte
in stiller Nacht
und hat umreift so Baum als Hütte,
eh du erwacht.

Du öffnest deiner Pforte Riegel
und trittst hinaus,
Reifsilber blinkt um Wald und Hügel
und um dein Haus.

Noch stehen dicht belaubt die Bäume.
O still, o still,
wer nicht die letzten Frühlingsträume
verscheuchen will.

Von Blatt zu Blatte tönt hinüber
ein trübes Wort:
Der Lenz, das Leben ist vorüber,
wir müssen fort!

Und ach, die Sonne, die sonst immer
das Licht gebracht,
sie bringt mit ihrem goldnen Schimmer
uns heut die Nacht.

Da steigt sie eben durch die Föhren
am Waldessaum,
schon fallen leise Silberzähren
von Strauch und Baum.

O halte deine güldnen Sohlen,
o bleibe stehn,
daß wir noch einmal Atem holen
und dann vergehn.

Doch wie die Blätter alle klagen,
sie hört es nicht
und hebt wie sonst den güldnen Wagen
und spendet Licht.

Sie kommt mit heißen Flammenbächen,
so hell, so rot,
sie will des Winters Siegel brechen
und bringt den Tod.

Da klingt die alte Wehmutsweise
durchs weite All,
und in die Laute raschelt leise
der Blätterfall.

ROSE AUSLÄNDER

Herbstlicher Ausschnitt

Eine schräge Strahlengarbe
schoß vom Himmel wie ein Pfeil,
zeichnete mit goldner Farbe
auf die Erde neues Heil,
sprang im Jubel auf die Dächer,
daß sie wogten wie ein See,
schwang liebkosend einen Fächer
über Dunkelheit und Weh.

Sieh, der Himmel scheint gespalten:
Dort ein düstrer Wolkenstrom
geisterhafter Nachtgestalten;
hier: ein stolzer Sonnendom. –
Fluß und Fenster widerblitzen,
Gassen wiegen sich im Tanz,
und es lächeln selbst die Pfützen
silberklar im jähen Glanz.

Farbiger Herbst

Musik im Mirabell *1. Fassung*

Ein Brunnen singt. Die Wolken stehn
Im klaren Blau die weißen zarten.
Bedächtig stille Menschen gehn
Am Abend durch den alten Garten.

Der Ahnen Marmor ist ergraut
Ein Vogelzug streift in die Weiten.
Ein Faun mit toten Augen schaut
Nach Schatten, die ins Dunkel gleiten.

Das Laub fällt rot vom alten Baum
Und kreist herein durchs offene Fenster.
Ein Feuerschein glüht auf im Raum
Und malet trübe Angstgespenster.

Opaliger Dunst webt über das Gras
Ein Teppich von verwelkten Düften.
Im Brunnen schimmert wie grünes Glas
Die Mondessichel in frierenden Lüften.

Der Kranich

Stoppelfeld, die Wälder leer;
Und es irrt der Wind verlassen,
Weil kein Laub zu finden mehr,
Rauschend seinen Gruß zu fassen.

Kranich scheidet von der Flur,
Von der kühlen, lebensmüden,
Freudig ruft er's, daß die Spur
Er gefunden nach dem Süden.

Mitten durch den Herbstesfrost
Schickt der Lenz aus fernen Landen
Dem Zugvogel seinen Trost,
Heimlich mit ihm einverstanden.

O wie mag dem Vogel sein,
Wenn ihm durch das Nebeldüster
Zückt ins Herz der warme Schein,
Und das ferne Waldgeflüster!

Und im Fluge übers Meer
Stärket ihn der Duft der Auen;
O wie süß empfindet er
Ahnung, Sehnsucht und Vertrauen!

Nebel auf die Stoppeln taut;
Dürr der Wald; – ich duld es gerne,
Seit gegeben seinen Laut
Kranich, wandernd in die Ferne.

Hab ich gleich, als ich so sacht
Durch die Stoppeln hingeschritten,
Aller Sensen auch gedacht,
Die ins Leben mir geschnitten;

Hab ich gleich am dürren Strauch
Andres Welk bedauern müssen,
Als das Laub, vom Windeshauch
Aufgewirbelt mir zu Füßen:

Aber ohne Gram und Groll
Blick ich nach den Freudengrüften,
Denn das Herz im Busen scholl,
Wie der Vogel in den Lüften;

Denn das Herz in meiner Brust
Ist dem Kranich gleich geartet,
Und ihm ist das Land bewußt,
Wo mein Frühling mich erwartet.

Nebliger Park

Ich weiß nicht, wie die Göttin heißt,
die da lächelnd ihr Füllhorn in den Nebel leert,
ich weiß nur, daß sie lächelt und aus Sandstein ist,
und daß ihren Füßen alle Zehen fehlen.
Sandstein verwittert so leicht.

Der Nebel tropft von nassen Ästen.
Die Äste sind nackt, ihre Blätter faulen längst
unter der Göttin ohne Zehen.
Der Sommer war kurz.

Das einsame Schloß,
das lautlos im Nebel ertrinkt,
hält kein Licht mehr in die Nacht.
Es wehrt sich nicht gegen den Nebel,
gegen den langen Herbst vor dem Sterben.
Es lächelt, wie die Göttin lächelt,
die Göttin ohne Zehen im Park.

Auch im Nebel
ist Stil das letzte
Gesetz.

Komm in den totgesagten park und schau:
Der schimmer ferner lächelnder gestade ·
Der reinen wolken unverhofftes blau
Erhellt die weiher und die bunten pfade.

Dort nimm das tiefe gelb · das weiche grau
Von birken und von buchs · der wind ist lau ·
Die späten rosen welkten noch nicht ganz ·
Erlese küsse sie und flicht den kranz ·

Vergiss auch diese lezten astern nicht ·
Den purpur um die ranken wilder reben
Und auch was übrig blieb von grünem leben
Verwinde leicht im herbstlichen gesicht.

SELMA MEERBAUM-EISINGER

Kastanien

Auf dem glatten hellen Wege
liegen sie, verstreut und müde,
braun und lächelnd wie ein weicher Mund,
voll und glänzend, lieb und rund,
hör' ich sie wie perlende Etüde.

Wie ich eine nehme und in meine Hand sie lege,
sanft und zärtelnd wie ein kleines Kind,
denk' ich an den Baum und an den Wind,
wie er leise durch die Blätter sang,
und wie den Kastanien dieses weiche Lied
sein muß wie der Sommer, der unmerklich schied,
nur als letzten Abschied lassend diesen Klang.

Und die eine hier in meiner Hand
ist nicht braun und glänzend wie die andern,
sie ist matt und schläfrig wie der Sand,
der mit ihr durch meine Finger rollt.
Langsam, Schritt für Schritt, wie ungewollt
laß' ich meine Füße weiter wandern

CARL ZUCKMAYER

Die Tage werden schmal

Der Herbst ging ins Gefilde,
Der Wald entflammte rot,
Der Jäger hing am Wilde
Mit Hunger, Gier und Not,
Die Hindin lächelt milde
Und blutet sich zu Tod.

Es trieb in stumpfem Keile
Der wilden Gänse Zug,

Der Baum zerbarst am Beile,
Der Wind ins Röhricht schlug,
Und dampfend brach die Zeile
Des Ackers hinterm Pflug.

Des Nachts aus Schwärzen schnaubte
Der Hirsche Sucht und Qual,
Der Sturm den Wald entlaubte,
Der Nebel rinnt ins Tal.
Rauhreif die Fichten staubte –
Die Tage werden schmal.

MASCHA KALÉKO

Ein welkes Blatt – und jedermann weiß: Herbst.
Fröstelnd klirren die Fenster zur Nacht.
O grüne Welt, wie grell du dich verfärbst!

Schon raschelt der Winter im Laube.
Und die Vögel haben, husch, sich aus dem Staube
gemacht.

Wie letzte Früchte fielen ihre Lieder vom Baum.
Nun haust der Wind in den Zweigen.

Die Alten im Park, sie neigen
das Haupt noch tiefer. Und auch die Liebenden
schweigen.

Bald sind alle Boote im Hafen.
Die Schwäne am Weiher schlafen
im Nebellicht.

Sommer – entflogener Traum!
Und Frühling – welch sagenhaft fernes Gerücht!

Ein welkes Blatt treibt still im weiten Raum,
und alle wissen: Herbst.

ALBERT EHRENSTEIN

Es ist zu spät –
Vergeht gebeugt
Das gelbe Gras.
Tod schattet Wolke:
Der blaue See
Ergraute jäh.
Regen regnet
Septemberschwall;
Grau hallt das All,
Nachtnebel hat
Grünwiesen zugeweht.
Im düstern Himmel
Hängt der fahlen
Blätter Fall –
Bis Herbstwind mäht.

Angstschnabel toter
Nachtigall
Im kahlen Wald –
Abend, der Dämmerer,
Bedunkelt ihr Grab.

GEORG TRAKL

Verklärter Herbst

Gewaltig endet so das Jahr
Mit goldnem Wein und Frucht der Gärten.
Rund schweigen Wälder wunderbar
Und sind des Einsamen Gefährten.

Da sagt der Landmann: Es ist gut.
Ihr Abendglocken lang und leise
Gebt noch zum Ende frohen Mut.
Ein Vogelzug grüßt auf der Reise.

Es ist der Liebe milde Zeit.
Im Kahn den blauen Fluß hinunter
Wie schön sich Bild an Bildchen reiht –
Das geht in Ruh und Schweigen unter.

Herbst

Der erste Schnee liegt leuchtend auf den Bergen,
Die schwarzen Vögel wuchten funkelnd auf,
Die Welt wird ihren Schmerz nicht mehr verbergen.
Das Dasein silbert hin im Sterbenslauf.

Die Jäger knallen, was noch atmet, nieder.
Das tote Jahr vermacht uns einen Rausch,
Wir Menschen hoffen sinnlos immer wieder,
Der Wein umnebelt uns beim schlechten Tausch.

Der reife Herbst beginnt die Trauben zu durchblauen,
Der Wind verwebt in Wipfeln Licht und Liebe,
Die guten Blumen, die verwundert aufwärtsschauen,
Erzählen unsern Wunsch: Wenn alles traumhaft bliebe!

Gib mir die Hand, Geduld, Geduld, wir werden warten.
Bemerkst du nicht, wie Blatt auf Blatt vom Himmel
fällt?
Bestärke unsern Händedruck im Laubengarten:
Wir wollen warten, wenn Geduld uns fromm erhält.

Geduld, Geduld, wir halten dich mit weißen Händen.
Verwelkt und rot zerblättert das Kastanienlaub.
So warten wir, es steigt ein Stern aus Blätterwänden.
Der Wind ist weg, die Bäume werden taub.

Alljährlich im Herbst

BERTOLT BRECHT

Alljährlich im September, wenn die Schulzeit beginnt
Stehen in den Vorstädten die Weiber in den
                                    Papiergeschäften
Und kaufen die Schulbücher und Schreibhefte für ihre
                                    Kinder.
Verzweifelt fischen sie ihre letzten Pfennige
Aus den abgegriffenen Beutelchen, jammernd
Daß das Wissen so teuer ist. Dabei ahnen sie nicht
Wie schlecht das Wissen ist, das für ihre
Kinder bestimmt wird.

INGEBORG BACHMANN

Herbstmanöver

Ich sage nicht: das war gestern. Mit wertlosem
Sommergeld in den Taschen liegen wir wieder
auf der Spreu des Hohns, im Herbstmanöver der Zeit.
Und der Fluchtweg nach Süden kommt uns nicht,
wie den Vögeln, zustatten. Vorüber, am Abend,
ziehen Fischkutter und Gondeln, und manchmal

trifft mich ein Splitter traumsatten Marmors,
wo ich verwundbar bin, durch Schönheit, im Aug.

In den Zeitungen lese ich viel von der Kälte
und ihren Folgen, von Törichten und Toten,
von Vertriebenen, Mördern und Myriaden
von Eisschollen, aber wenig, was mir behagt.
Warum auch? Vor dem Bettler, der mittags kommt,
schlag ich die Tür zu, denn es ist Frieden
und man kann sich den Anblick ersparen, aber nicht
im Regen das freudlose Sterben der Blätter.

Laßt uns eine Reise tun! Laßt uns unter Zypressen
oder auch unter Palmen oder in den Orangenhainen
zu verbilligten Preisen Sonnenuntergänge sehen,
die nicht ihresgleichen haben! Laßt uns die
unbeantworteten Briefe an das Gestern vergessen!
Die Zeit tut Wunder. Kommt sie uns aber unrecht,
mit dem Pochen der Schuld: wir sind nicht zu Hause.
Im Keller des Herzens, schlaflos, find ich mich wieder
auf der Spreu des Hohns, im Herbstmanöver der Zeit.

MARIE LUISE KASCHNITZ

Herbst

Meine begangenen Wege
Zieh ich hinter mir her
Auch die alten
Nachtstraßen unter dem Felshang

Mit Schritten zurückgeworfen
Echoschritten
Und zur Linken die Gärten
Voll Zitrusblütengeruch
Und Hufschlag auf mich zu

Renn schwarzes Pferdchen
Überrenn
Laß den Federbusch tanzen
Schlag die Hufe in meinen Leib
Deine Glöckchen hör ich zuletzt
Einen Sturm von Schellen

Das sind die Phantasien
Eines der sterben wird
Im Sauerstoffzelt
Oder auf dem Gefängniskorridor
Der stürzen wird auf sein Gesicht
Seine offenen Augen

Wir zu den anderen Zeiten
Hätten ruhiger
Gelebt und ohne Angst
Aber diese ist unsere
Fragezeit
Sagezeit
Unsere

Den ganzen Sommer über
Hab ich Gedichte gemacht
Aus Zahlen aus
Grammatischen Regeln
Aus Füllwörtern Fangwörtern

Für- und Widerwort
Geduldig
Im Schatten der Linden

Ich traf meinen Nachbarn
Er hatte seit zwanzig Stunden
Nicht gegessen getrunken
Er feiert das Fest Versöhnung
Was feiern wir?

FRIEDRICH HEBBEL

Spaziergang am Herbstabend

Wenn ich abends einsam gehe
Und die Blätter fallen sehe,
Finsternisse niederwallen,
Ferne, fromme Glocken hallen:

Ach, wie viele sanfte Bilder,
Immer inniger und milder,
Schatten längst vergangner Zeiten,
Seh ich dann vorübergleiten.

Was ich in den fernsten Stunden,
Oft nur halb bewußt, empfunden,
Dämmert auf in Seel und Sinnen,
Mich noch einmal zu umspinnen.

Und im inneren Zerfließen
Mein ich's wieder zu genießen,
Was mich vormals glücklich machte,
Oder mir Vergessen brachte.

Doch, dann frag ich mich mit Beben:
Ist so ganz verarmt dein Leben?
Was du jetzt ersehnst mit Schmerzen,
Sprich, was war es einst dem Herzen?

Völlig dunkel ist's geworden,
Schärfer bläst der Wind aus Norden,
Und dies Blatt, dies kalt benetzte,
Ist vielleicht vom Baum das letzte.

THEODOR STORM

Herbst

1

Die Sense rauscht, die Ähre fällt,
Die Tiere räumen scheu das Feld,
Der Mensch begehrt die ganze Welt.

2

Schon ins Land der Pyramiden
Flohn die Störche übers Meer;
Schwalbenflug ist längst geschieden,
Auch die Lerche singt nicht mehr.

Seufzend in geheimer Klage
Streift der Wind das letzte Grün;
Und die süßen Sommertage
Ach, sie sind dahin, dahin!

Nebel hat den Wald verschlungen,
Der dein stillstes Glück gesehn;
Ganz in Duft und Dämmerungen
Will die schöne Welt vergehn.

Nur noch einmal bricht die Sonne
Unaufhaltsam durch den Duft,
Und ein Strahl der alten Wonne
Rieselt über Tal und Kluft.

Und es leuchten Wald und Heide,
Daß man sicher glauben mag,
Hinter allem Winterleide
Lieg' ein ferner Frühlingstag.

3

Und sind die Blumen abgeblüht,
So brecht der Äpfel goldne Bälle;
Hin ist die Zeit der Schwärmerei,
So schätzt nun endlich das Reelle!

DETLEF OPITZ

```
dieser herbst heißt sommer
              in
             den
              au
             gen
            alter
             wei
            ber, wo
           rum er &
          all die ve
            rgangenen
          schon falten
             zogen. .es
          pafft schulwegsl
           uft unter weite
          röcke & wirbelt bi
         ßchen bißchen schm
         utz mit sich hoch in d
          ie waschpulverweißblumigen
           dunklen sphären, deren schwü
          le ahnung brunst in die köpfe der
         männer kippt, die gerade kaffee tr
        inken & rausschauen. dem laub ist der t
        od in kehrmaschinen & duftenden feueru
       gewiß. und in seinen knorbigen adern fließ
      t das traurige wissen kühl, daß es immer wen
     iger werden, die ihm vasen und bücher widmen. da
    s täglich zeitigere dunkeln ist gesetz, deswegen
   schlichten eben jetzt die letzten sonnenstrahlen d
   em baum sein manchmal kitschig wirkendes make up zu
  visionen, die dann eine schöne traurigkeit herstellen,
   daß man dann schmale weiße haushaltskerzen sor
    gsam auf den teppich ausgießt. dann wird die
    alte mutter böse, die längst nicht mehr an i
    hren zweiten sommer glaubt. ihr schimpfen is
    t faustan plus alkohol & tut mir danach eine
    schöne kalte nacht auf dem blätterhaufen auf,
    den am tage schon kinder mit ihren mützen
    zusammentrugen. mir ist dies der erste
       herbst mit so vielen blättern nach
     wievielen jahren. nach zwölf wird
        die stadtreinigung kommen & m
          orgen ist das laub
                wie
                 d
                er
                fr
               isch,
                do
                ch
          ich  w e r d e  verschlafen.
```

Kinder im Herbst

I

Schneebeeren weiß und schaumig knallen,
wenn sie die Kinder sich zerdrücken,
die durch den roten Herbst hinwallen
und nichts als totes Laub zerpflücken.
Mit Ruten treiben sie die Stiere
und peitschen die Kastanien locker,
und flammend auf die Vogelmiere
tropft nun der Herbst sein Gold und Ocker.

Laut singend in der Nebelfrühe
ziehn sie ins krautige Gehege,
dort wo der Ampfer für die Kühe
noch steht am alten Gleis der Wege.
Der Nebel zieht die weißen Kutten
den Kindern wie ein Laken über,
und auch das Rot der Hagebutten
verdämmert milchiger und trüber.

Die Luft verraucht, noch warm vom Öle,
dort faulen blaue Haselnüsse,
das Lied schläft in der Meisenhöhle,
die Kinder planschen durch die Güsse.
Sie hörn den ödesten der Laute,
das trübe Sickern in der Brache.
Der Zeisig schweigt, die Wiesenraute
neigt sich ins Grau der Wasserlache.

II

Fern von der Dörfer Dreschflegelschlag
– o Wiesenfrühe, Septembertag –
gingen wir Kinder mit Schnur und Messer
luchwärts watend durch seichtes Gewässer,
um aus den jungen biegsamen Weiden
Ruten für Kiepen und Zäune zu schneiden.
Auf Sumpfes Rücken, schildkrötenalt,
stand vor uns der feuchte Erlenwald,
wo immer am Morgen die Sonne lag
im dichten weißen Nebel verpuppt.
Über den Wassern, grüngolden beschuppt,
schlüpfte sie langsam erst mittags aus
und flog als große Himmelslibelle
mit gläsernen Flügeln aus Herbsteshelle
blitzend um uns durchs Blättergebraus.
Auf Sumpfes Rücken, schildkrötenalt,
warf wirbelnd sein Gold der Erlenwald.

RICARDA HUCH

Herbst

September sitzt auf einer hohlen Weide,
Spritzt Seifenblasen in die laue Luft;
Die Sonne sinkt; aus brauner Heide
Steigt Ambraduft.

Als triebe Wind sie, ziehn die leichten Bälle
Im goldnen Schaum wie Segel von Opal,
Darüber schwebt in seidener Helle
Der Himmelssaal.

Auf fernen Tennen stampft der Erntereigen,
Im Takt der Drescher schwingt der starre Saum.
Handörgelein und Baß und Geigen
Summt süß im Raum.

STEFAN GEORGE

Flammende wälder am bergesgrat ·
Schleppende ranken im gelbroten staat!
Vor ihrem schlummer in klärender haft
Hebst du die traube mit leuchtendem saft.

Lang eh sie quoll mit dem sonnigen seim
Brachtest du strauss und kranz mit heim
Und du begrüssest den lohnenden herbst
Da du von sommers schätzen erbst.

Ihm ward die frucht zum genuss nicht bestellt
Der sich nicht froh auch den knospen gesellt.
Fragst du ihn so sagt er dir: weil
Man mir nahm mein einzig heil . .

Die Korbflechterin an den Herbst

Sommerlang hab ich dir Körbe geflochten,
nun schmück ich die Ränder mit roten Oktoberranken.
Viele Apfel-, Pfirsich- und Traubengedanken
hab ich in meine Körbe eingeflochten.

Holst du sie bald? Die Gärten und Weinberge warten:
schwer in den Nächten ertragen sie Früchte und Sterne,
manches pflückt schon der Reif und schmelzt die Sonne
                                    vom Kerne,
und die Körbe stehn immer noch leer und warten.

Glaub mir, es trägt sich gut in meinen Körben;
und vom letzten ein wenig wirfst du mir heimlich ins
                                    Haus.
Doch du schleppst Säcke? Geizhals! Ach, wär ich doch
                                    eine Maus,
könnt ich mich winters nähren von meinen verfaulenden
                                    Körben.

Wenn die herbstesnebel wallen
wie ein kleid aus fahler seide,
bäckt die hamstrin ihr getreide,
humphrey hamster zum gefallen.

oh, auch hamster lieben kipfel,
trinken tee aus zarten schalen,
rechnen kopf mit hohen zahlen,
schütteln ihre mützenzipfel.

sparsamkeit, du hehre tugend,
bist dem hausmann goldner orden,
so im süden, so im norden,
ehrst das alter, zierst die jugend.

wer gen jahresend die speicher
bis zum bersten voll gefüllt hat,
ist fürwahr kein müßger waldschrat,
wird von jahr zu jährchen reicher.

seht, in gehrock und zylinder
steht herr humphrey vor der schwelle,
mißt den wohlstand mit der elle
wie ein vater seine kinder.

Es regnet

Im Herbst
sind die Häuser
heimatlos

In welches
verirrst du dich

Du redest zur Wand
über den Frühling

Das Fenster spannt auf
einen Regenbogen

Kommen die Fremden
suchen Wohnung
ihre nassen Schritte
klopfen an deinen
Puls

du redest zur Wand
über den fremden
Frühling

Es regnet

ANTON WILDGANS

Herbstliche Einkehr

Die Ebereschen haben noch die roten
Fruchtbüschel ausgehängt. Erloschen, grau
Und eingefallen, so wie eines Toten
Gesicht, ist schon die Erde, stumm die Au,
Frierend der Wald; auf schwarzen Wolkenbooten
Kommt Sturm gefahren, und der Reif fällt rauh,
Nichts mehr gemahnt in diesen finstern Tagen
An Blütenwirrnis und an Früchtetragen.

Da gilt's, sein Bündel wiederum zu schnüren
Und heimzukehren in gewohnte Stadt.
Da warten schon die lieben dunkeln Türen,
Die dich entließen, engen Raumes satt.
Die Lampe möchte glühen und verführen
Zu langem Wachen über Blatt um Blatt,
Zu lauschen in das unbedrohte Schweigen,
Aus dem hochquellend die Gedanken steigen.

Da kann es sein in atemleiser Stunde,
Daß aus der Bücher dichtgestellten Reihn
Wie aus dem Purpur heiliger Marterwunde
Mystischer Glanz aufbricht; denn Schrein an Schrein
Gibt dieser Bücher ernste Fülle Kunde
Von deiner Seele vielem Einsamsein,
Indessen draußen mit dem Bacchuskranze
Das Leben taumelte von Tanz zu Tanze.

Und wenn du einmal zugriffst, war nicht immer
Der Nachgeschmack bitter, das Besinnen Frost –?
So blühe auf, summender Lampe Schimmer,
Gebinde alter Weisheit, strömet Most!
Duftende Gärung wittre durch das Zimmer:
Geist der Jahrhunderte! – Wer solchen Trost
Genießen darf und ihn zu nützen lernte,
Hat immer Frühling und hat immer Ernte.

ERICH KÄSTNER

Exemplarische Herbstnacht

Nachts sind die Straßen so leer.
Nur ganz mitunter
markiert ein Auto Verkehr.
Ein Rudel bunter
raschelnder Blätter jagt hinterher.

Die Blätter haschen und hetzen.
Und doch weht kein Wind.
Sie rascheln wie Fetzen und hetzen
und folgen geheimen Gesetzen,
obwohl sie gestorben sind.

Nachts sind die Straßen so leer.
Die Lampen brennen nicht mehr.

Man geht und möchte nicht stören.
Man könnte das Gras wachsen hören,
wenn Gras auf den Straßen wär.

Der Himmel ist kalt und weit.
Auf der Milchstraße hat's geschneit.
Man hört seine Schritte wandern,
als wären es Schritte von andern,
und geht mit sich selber zu zweit.

Nachts sind die Straßen so leer.
Die Menschen legen sich nieder.
Nun schlafen sie, treu und bieder.
Und morgen fallen sie wieder
übereinander her.

Oktobernacht

Sessel, bring mir einen Gast.
Tisch, bring mir ein fröhliches Mahl.
Lampe, zeig mir ein freundliches Gesicht,
nicht mich im Spiegel. Spiegel, dreh dich zur Wand.

Sessel, bring mir einen Gast.
Tisch, bring mir ein fröhliches Mahl.
Fenster, geh auf in ein wärmeres Land.
Koffer, nimm mich bei der Hand und flieg mich
                                        nach Ägypten.

Sessel, bring mir einen Gast.
Tisch, bring mir ein fröhliches Mahl.
Telefonvogel, sing für mich.
Oder bring mir einen kellertiefen Winterschlaf, Bett.

Herbst-Gedanken

PETER HÄRTLING

Zwischen den Jahreszeiten

Der Garten leert sich,
die Vögel ziehen ihre
Stimmen zurück, und
der überwachsene Stein
wird sichtbar.
Ich lerne das Frösteln
wieder,
lehne mich an
die Ziegelmauer,
sehe meinem Atem nach,
der nicht weit kommt,
und denke an den Sommer,
der mich ausstieß,
mich mit Schüttelfrost
winterfest machte
in den Nächten zwischen
den Jahreszeiten,
in denen ich die alten
Buchstaben vergaß
und neue
noch nicht schreiben konnte.
Mühsam
beginne ich nun
zu reden,

schaue hinüber zu dir
und warte,
wie nach so langem Schweigen
die Antwort
ausfällt.

HERMANN HESSE

Verfrühter Herbst

Schon riecht es scharf nach angewelkten Blättern,
Kornfelder stehen leer und ohne Blick;
Wir wissen: eines von den nächsten Wettern
Bricht unserm müden Sommer das Genick.

Die Ginsterschoten knistern. Plötzlich wird
Uns das fern und sagenhaft erscheinen,
Was heut wir in der Hand zu halten meinen,
Und jede Blume wunderbar verirrt.

Bang wächst ein Wunsch in der erschreckten Seele:
Daß sie nicht allzu sehr am Dasein klebe,
Daß sie das Welken wie ein Baum erlebe,
Daß Fest und Farbe ihrem Herbst nicht fehle.

Herbst

Ich pflücke mir am Weg das letzte Tausendschön…
Es kam ein Engel mir mein Totenkleid zu nähen –
Denn ich muß andere Welten weiter tragen.

Das ewige Leben dem, der viel von Liebe weiß
                        zu sagen.
Ein Mensch der Liebe kann nur auferstehen!
Haß schachtelt ein! wie hoch die Fackel auch mag
                        schlagen.

Ich will dir viel viel Liebe sagen –
Wenn auch schon kühle Winde wehen,
In Wirbeln sich um Bäume drehen,
Um Herzen, die in ihren Wiegen lagen.

Mir ist auf Erden weh geschehen…
Der Mond gibt Antwort dir auf deine Fragen.
Er sah verhängt mich auch an Tagen,
Die zaghaft ich beging auf Zehen.

Die roten Feuerbohnen frieren im Frühherbstwind,
über ihnen sammeln sich die ersten ängstlichen Vögel.
Zerraufter noch als das Bohnenlaub ist das Haar
                    meiner Schwester.
Bald wird sie weinen und den kommenden Winter
                    verfluchen,
weil er den Armen leerere Schüsseln und kalte Stuben
                    bringt.
Gern möcht ich meine Hände auf ihre zornigen
                    Augen legen,
aber sie hat ein zartes und leicht erschreckbares
                    Herz –;
das würde alles von mir wissen, alles mit mir teilen
                    wollen.
Doch es ist besser, mit den zäheren Dingen zu teilen,
welche keinen Zorn und keine Verwünschungen
                    kennen.
Ich möchte nicht, daß du verwunschen würdest,
der du mich jetzt schon hungern und frieren läßt.
Darum tausche ich nur leise durch das zerbrochene
                    Fenster
mit Feuerbohnen und Wandervögeln
die unscheinbaren Zeichen der langen Geduld.

PAUL CELAN

Talglicht

Die Mönche mit haarigen Fingern schlugen das Buch
auf: September.
Jason wirft nun mit Schnee nach der aufgegangenen
Saat.
Ein Halsband aus Händen gab dir der Wald, so
schreitest du tot übers Seil.
Ein dunkleres Blau wird zuteil deinem Haar und ich
rede von Liebe;
Muscheln red ich und leichtes Gewölk, und ein Boot
knospt im Regen.
Ein kleiner Hengst jagt über die blätternden Finger –
Schwarz springt der Tor auf, ich singe:
»Wie lebten wir hier?«

WERNER BERGENGRUEN

Herbstlied

Ist schon das dunkle Klagen
dem Herzen aufgetragen?
Die Nebel sieden stumm.
An Bäumen und an Sträuchern
geht bläulich schon das Räuchern
des späten Jahres um.

Der Rauch schmeckt kühl und bitter.
Es starrn wie Kerkergitter
die grauen Zweige kahl.
Verfallen sind die Laute.
Die letzte Güldenraute
verglomm am Ufer fahl.

Aus Armut, Reu und Alter
spinnt sich ein Sterbepsalter,
ein Seufzer hingeweht,
unhörbar deinen Ohren,
er sickert durch die Poren
– wer ist, der ihn besteht?

Sollst du den Sommer büßen?
Und trägst du an den Füßen
bereits den letzten Schuh?
Bedenk es wohl: die bleichen
ertaubten Tage schleichen
auf Allerseelen zu.

GERTRUD VON LE FORT

I

Geh auf, mein Erntetag: ich neige mich vor deiner
 goldnen Stirne, auch mit umflortem Blick will ich
 dich gläubig feiern!
Denn wie die Sonne durch die Stämme des Hochwalds,
 so ging Gottes Auge mit mir durch die Jahre,

Wie der Mond auf den Häuptern der Ähren, so lag seine
Güte über meinem Scheitel.
Er gab mir einen Stern zum Freunde, sein Strahl war
mein Wanderstab und mein Geleit.
Ich tat mein Werk im Leuchten seines Angesichtes: mein
Feld lag immer zu den Füßen der höchsten Berge.
An heilgen Hängen zog ich meine Reben, an alten,
königlichen Hängen, umschwebt vom Geiste der
Väter.
Meine Erntekrone atmet noch den reinen Duft der
Frühe, aber auch in späten Fluren fand ich süße
Früchte.
Aus dem Reif des Herbstes trug ich noch verwehte
Garben heim.
Ich barg sie nicht in Speichern, wo die Blitze zünden,
und nicht in Kellern, die verfallen, wenn die Erde
wankt und bebt.
Ich lagerte sie im Lebendgen ein: ich streute meinen
Segen aus wie eine lichte Saat.
Mein Haus war wie ein offner Tisch und wie eine Schale
voller Gaben.
Die Hungrigen wurden bei mir satt, und die Satten
Hungernde nach edler Speise –
Wer will eine Ernte rauben, die am Herzen der
Lebendgen keimt?
Das Verschenkte ist mein Reichtum, und das
Hingeschwendete ist mein Besitz!
Mein Werk ist wie ein Schiff, das vom Ufer des
Verderbens abstieß,
Es ist wie ein geschwelltes Segel, das zur hohen See
entkam.
Es ist wie eine Insel, weit ins ewge Meer hinausgebaut –
Wer will eine Insel aus dem Arm des Meeres reißen?

Doch es hält noch ein Andrer Erntetag am Tag meiner
Ernte.

Sein Arm ist stark wie ein Schwert, und seine Sichel
weiß um kein Ermüden.

Tausendjährges Wachstum holt er heim in einer einzgen
Stunde, und hundertjährges Edeltum sinkt ihm in
einer Nacht.

Er mäht die Heiligtümer unsrer Väter ab wie schlichte
Ähren,

Er keltert sich von ihren königlichen Hängen finstern
Wein.

Ich gehe wie im Sternengestöber, das vom Firmament
fällt, und wie im Getrümmer zersplitterter Sonnen.

Siehe, die Gestalten unsres Geistes sammeln sich zu
Heeren und ziehn von uns hinweg mit fliegenden
Flammen –

Meines Volkes Erntekronen wurden Opferkränze!

Unsre Städte sind wie große Altäre, die Tag und Nacht
brennen, und unsre Dome liegen da wie offne
Weihgefäße.

Unsre Türme stehn wie Kerzen in den Nächten.

Unsre Bilder haben Flügel bekommen, und die Seiten
unsrer Bücher wehen durch die Luft wie brennendes
Laub:

Wir hatten eine Welt beschenkt, und wir beschenken
nun die unsichtbaren Räume –

Wer will eine Ernte rauben, die im Schoß des
Unsichtbaren keimt?

Das Geopferte ist unser Reichtum, und das
Entschwundne unser heilger Überfluß!

Zerstöre unsre Dächer, Sturm, und zerstreue unsre
niedre Habe,

Unser Edelgut ist längst geborgen, es hat nur den Raum
    und die Gestalten vertauscht:
Wie Abendrot geht es vor unsren Tränen unter, wie
    Morgenrot geht es vor unsern Seelen wieder auf –
Wer will uns das Geliebte aus den Seelen reißen?

RAINER MARIA RILKE

Herbsttag

Herr: es ist Zeit. Der Sommer war sehr groß.
Leg deinen Schatten auf die Sonnenuhren,
und auf den Fluren laß die Winde los.

Befiehl den letzten Früchten voll zu sein;
gieb ihnen noch zwei südlichere Tage,
dränge sie zur Vollendung hin und jage
die letzte Süße in den schweren Wein.

Wer jetzt kein Haus hat, baut sich keines mehr.
Wer jetzt allein ist, wird es lange bleiben,
wird wachen, lesen, lange Briefe schreiben
und wird in den Alleen hin und her
unruhig wandern, wenn die Blätter treiben.

Der Herbst

Dies ist der Herbst: der – bricht dir noch das Herz!
Fliege fort! fliege fort! –
Die Sonne schleicht zum Berg
Und steigt und steigt
Und ruht bei jedem Schritt.

Was ward die Welt so welk!
Auf müd gespannten Fäden spielt
Der Wind sein Lied.
Die Hoffnung floh –
Er klagt ihr nach.

Dies ist der Herbst: der – bricht dir noch das Herz!
Fliege fort! fliege fort!
O Frucht des Baums,
Du zitterst, fällst?
Welch ein Geheimnis lehrte dich
Die Nacht,
Daß eisger Schauder deine Wange,
Die Purpur-Wange deckt? –

Du schweigst, antwortest nicht?
Wer redet noch? – –

Dies ist der Herbst: der – bricht dir noch das Herz!
Fliege fort! fliege fort! –
»Ich bin nicht schön

– so spricht die Sternenblume –,
Doch Menschen lieb ich
Und Menschen tröst ich –

Sie sollen jetzt noch Blumen sehn,
Nach mir sich bücken
Ach! und mich brechen –
In ihrem Auge glänzet dann
Erinnrung auf,
»Erinnerung an Schöneres als ich: –
– ich seh's, ich seh's – und sterbe so.« –

Dies ist der Herbst: der – bricht dir noch das Herz!
Fliege fort! fliege fort!

FRIEDRICH HÖLDERLIN

Hälfte des Lebens

Mit gelben Birnen hänget
Und voll mit wilden Rosen
Das Land in den See,
Ihr holden Schwäne,
Und trunken von Küssen
Tunkt ihr das Haupt
Ins heilignüchterne Wasser.

Weh mir, wo nehm' ich, wenn
Es Winter ist, die Blumen, und wo

Den Sonnenschein,
Und Schatten der Erde?
Die Mauern stehn
Sprachlos und kalt, im Winde
Klirren die Fahnen.

FRIEDRICH RÜCKERT

Herbsthauch

Herz, nun so alt und noch immer nicht klug,
Hoffst du von Tagen zu Tagen,
Was dir der blühende Frühling nicht trug,
Werde der Herbst dir noch tragen!

Läßt doch der spielende Wind nicht vom Strauch,
Immer zu schmeicheln, zu kosen.
Rosen entfaltet am Morgen sein Hauch,
Abends verstreut er die Rosen.

Läßt doch der spielende Wind nicht vom Strauch,
Bis er ihn völlig gelichtet.
Alles, o Herz, ist ein Wind und ein Hauch,
Was wir geliebt und gedichtet.

Das dürre Blatt

Durchs Fenster kommt ein dürres Blatt,
Vom Wind hereingetrieben;
Dies leichte, offne Brieflein hat
Der Tod an mich geschrieben.

Das dürre Blatt bewahr ich mir,
Will's in die Blätter breiten,
Die ich empfangen einst von Ihr;
Es waren schöne Zeiten!

Da draußen steht der Baum so leer;
Wie er sein Blatt im Fluge,
Kennt sie vielleicht ihr Blatt nicht mehr,
Trotz ihrem Namenszuge.

Der toten Liebe Worte flehn,
Daß ich auch sie vernichte;
Wie festgehaltne Lügner stehn
Sie mir im Angesichte.

Doch will ich nicht dem holden Wahn
Den Wurf ins Feuer gönnen;
Die Worte sehn mich traurig an,
Daß sie nicht sterben können.

Ich halte fest, zu bittrer Lust,
Was all mein Glück gewesen,

In meinen schmerzlichen Verlust
Will ich zurück mich lesen.

Das dürre Blatt leg ich dazu,
Des Todes milde Kunde,
Daß jedes Leiden findet Ruh,
Und Heilung jede Wunde.

THEODOR KRAMER

An einem schönen Herbsttag möcht ich sterben,
der schon ein wenig rauh und frostig ist,
vor unserm alten Haus daheim im herben
Geruch von Unkraut und von Rankenmist.

Den Hauch der schwarzen Schalen möcht ich schlürfen,
die von den Nüssen fallen, und den Pflug
die morschen Stoppeln stürzen sehen dürfen
ins fette Erdreich bis zum letzten Bug.

Dann könnt ich leichter glauben, daß das gleiche
Gesetz, nach dem der Fechsung morscher Rest
den Boden wieder düngt, auch mir das Gleiche
gewährt und mich nicht ganz vergehen läßt.

Winter

Winterlandschaft

FRIEDRICH HÖLDERLIN

Der Winter

Das Feld ist kahl, auf ferner Höhe glänzet
Der blaue Himmel nur, und wie die Pfade gehen,
Erscheinet die Natur, als Einerlei, das Wehen
Ist frisch, und die Natur von Helle nur umkränzet.

Der Erde Stund ist sichtbar von dem Himmel
Den ganzen Tag, in heller Nacht umgeben,
Wenn hoch erscheint von Sternen das Gewimmel,
Und geistiger das weit gedehnte Leben.

LUDWIG CHRISTOPH HEINRICH HÖLTY

Der Gärtner an den Garten im Winter
Eine Idylle

In Silberhüllen eingeschleiert
    Steht jetzt der Baum,
Und strecket seine nackten Äste
    Dem Himmel zu.

Wo jüngst das reife Gold des Fruchtbaums
  Geblinket, hängt
Jetzt Eis herab, das keine Sonne
  Zerschmelzen kann.

Entblättert steht die Rebenlaube,
  Die mich in Nacht
Verschloß, wenn Phöbus flammenatmend
  Herniedersah.

Das Blumenbeet, wo Florens Töchter
  In Morgenrot
Gekleidet, Wohlgeruch verhauchten,
  Versinkt in Schnee.

Nur du, mein kleiner Buchsbaum, pflanzest
  Dein grünes Haupt
Dem Frost entgegen, und verhöhnest
  Des Winters Macht.

Mit Goldschaum überzogen, funkelst
  Du an der Brust
Des Mädchens, das die Dorfschalmeie
  Zum Tanze ruft.

Ruh sanft, mein Garten, bis der Frühling
  Zur Erde sinkt,
Und Silberkränze auf die Wipfel
  Der Bäume streut.

Dann gaukelt Zephyr in den Blüten,
  Und küsset sie,
Und weht mir mit den Düften Freude
  In meine Brust.

HERMANN HESSE

Grauer Wintertag

Es ist ein grauer Wintertag,
Still und fast ohne Licht,
Ein mürrischer Alter, der nicht mag,
Daß man noch mit ihm spricht.

Er hört den Fluß, den jungen, ziehn
Voll Drang und Leidenschaft;
Vorlaut und unnütz dünkt sie ihn,
Die ungeduldige Kraft.

Er kneift die Augen spöttisch ein
Und spart noch mehr am Licht,
Ganz sachte fängt er an zu schnei'n,
Zieht Schleier vors Gesicht.

Ihn stört in seinem Greisentraum
Der Möwen grell Geschrei,
Im kahlen Ebereschenbaum
Der Amseln Zänkerei.

All das Getue lächert ihn
Mit seiner Wichtigkeit;
Er schneielet so vor sich hin
Bis in die Dunkelheit.

GOTTFRIED KELLER

Erster Schnee

Wie nun alles stirbt und endet
Und das letzte Rosenblatt
Müd sich an die Erde wendet,
In die warme Ruhestatt:
So auch unser Tun und Lassen,
Was uns heiß und wild erregt,
Unser Lieben, unser Hassen
Sei ins welke Laub gelegt!

Reiner, weißer Schnee, o schneie,
Schneie beide Gräber zu,
Daß die Seele uns gedeihe
Still und kühl in Winterruh!
Bald kommt jene Frühlingswende,
Die allein die Liebe weckt,
Wo der Haß umsonst die Hände
Träumend aus dem Grabe streckt!

Der erste Schnee

Der leise schleichend euch umsponnen
    Mit argem Trug, eh ihrs gedacht,
    Seht, seht den Unhold! über Nacht
Hat er sich andern Rat ersonnen.
Seht, seht den Schneemantel wallen!
    Das ist des Winters Herrscherkleid;
    Die Larve läßt der Grimme fallen; –
Nun wißt ihr doch, woran ihr seid.

Er hat der Furcht euch überhoben,
    Lebt auf zur Hoffnung und seid stark;
    Schon zehrt der Lenz an seinem Mark,
Geduld! und mag der Wütrich toben.
Geduld! schon ruft der Lenz die Sonne,
    Bald weben sie ein Blumenkleid,
    Die Erde träumet neue Wonne, –
Dann aber träum ich neues Leid!

Heilige Winternacht

Die überschneiten Felder funkeln wie polierter Stahl,
bis an die nachtschwarz vorgeschobene Wälderküste.
Alleen schneiden, schroff wie zackige Gerüste,
der Schimmerflächen wechselndes Opal.

Wie eine ungeheure Kuppel steigt der Mond herauf.
Weißgelbe Wolken flattern: aufgebläht wie Fahnen,
die sich in Prozessionen um Monstranz, Soutanen
und Opferschreine scharen. Und wie Knauf an Knauf

auf Schäften hingespitzt, erblitzen die Gestirne.
Nacht schauert, überrauscht vom orgelnden Orkan,
stumm-fromm zusammen. Aller Unrast abgetan
ragen des Dorfes Dächer auf: steilsteif wie Firne

und spiegeln, wie um letzte Schwärze abzuschwächen,
die weißen Giebel in den zugefrornen Bächen.

Ich fahr durch Schnee und weiße Nacht

Ich fahr durch Schnee und weiße Nacht.
Der D-Zug rauscht. Der Schneesturm kracht.
Ich preß ans Fenster mein Gesicht:
O Himmelslicht! O Himmelslicht!

Und blank entsteigt dem dunklen Wald
Des ewigen Baumes Lichtgestalt.
Der Schleier fällt vom Firmament,
Und Sonne, Mond und Stern entbrennt.

Die Weihnacht hat uns hart beschert:
Blutedelstein und Eisenschwert.
In Tränen spielt das heilige Kind
Mit Donnerklang und Wolkenwind.

Der finstre Geist herrscht überall,
Des Kindes Spiel bringt ihn zu Fall.
Die Sehnsucht ist sein Angesicht:
O Himmelslicht! O Himmelslicht!

PAUL CELAN

Heimkehr

Schneefall, dichter und dichter,
taubenfarben, wie gestern,
Schneefall, als schliefst du auch jetzt noch.

Weithin gelagertes Weiß.
Drüberhin, endlos,
die Schlittenspur des Verlornen.

Darunter, geborgen,
stülpt sich empor,
was den Augen so weh tut,
Hügel um Hügel,
unsichtbar.

Auf jedem,
heimgeholt in sein Heute,
ein ins Stumme entglittenes Ich:
hölzern, ein Pflock.

Dort: ein Gefühl,
vom Eiswind herübergeweht,
das sein tauben-, sein schnee-
farbenes Fahnentuch festmacht.

YVAN GOLL

Schnee-Masken

Es hat der Schnee über Nacht
Meine Totenmaske gemacht

Weiß war das Lachen des Schnees
Und meinen Schatten verwandelt
Er in ein Fastnachtsgewand

Ein Sturm von goldnen Triangeln
Hat plötzlich die tönende Stadt
Gehoben aus all ihren Angeln

Im siebenfarbenen Licht
Wurden die Türme der Zeit
Von ihren Ankern befreit

Der Schnee hat über Nacht
Mein Traumgesicht wahrgemacht

FRIEDERIKE MAYRÖCKER

Eine eiserne Rose dieser Winter,
    der nirgends endet
haben wir nicht alles gehabt, alles Spanien; den ganzen
    Nordpol; das vergilbende Heimatdorf;

o Europa Silberdorn; Raubtierzähnchen unsrer Welt;
Gärten verstrebt; hingehaucht Wälder stiebend;
    Wolkenhüter;
    Balkone zu nassen Sommern
Geschenke des Nil; Einbrüche der Nacht; Flugprobe der
    Krähen
    Winter-Raben einsichtlos pickend
    verloren an Gesichter die erzählen
    hingegeben an Augen auf Reisen
    eingewurzelt in Haut
    eingewachsen in Wunden
bemoost Drangsal und Irrwisch –

        (».. mein Herz: vielleicht ein leeres Zimmer; von
            Gespenstern bewohnt ..«)

.. aber die Hälse der Tier-Kinder (nur mit ihren Hälsen
    seiend und vielleicht mit der Undurchdringlichkeit
    der Angst:
        dunklen Augs;
    aber die Sanftmut eines Kinds: Jackie; – Jonnie
    spielt auf ..)

.. ich lebe in deinem Leben ohne dasz du es willst
(».. von Bäumen und Wassern kann ich nicht lernen ..«)

die ganze Enzyklopädie blättert in meinem Schosz
        und dein Zurückfallen in einen Schlaf aus dem du
            eine Erinnerung an nie-bereiste Orte ..
                ungehörte Lieder –
                    Schlupfwinkel der Zukunft ..
.. im zornigen Verkehr einer zitternden Eis-Blume!

aber ja; aber ja; es wird ihn geben den Tag und durch die
     Reisfelder des tauenden Frühlings schwankt
          milchig und vollkommen schwer ..

Rehe und Hirschkäfer Krähen versteift mutig kalt
     eingedenk
     alljährlicher Überwinterung –

ist auf und ab mein Weg; deine Locke ist Trauer;
     und die Ringe haben wir längst
          getauscht!

verfrüht meldet sich Unruhe an

          ... verlobend und eingekauert

                                   (o! Jeremias)

LUDWIG GREVE

Schneesturm

So nah hängt der Westen
herüber: der halbe Tag kann nicht mehr
entfalten den nassen Flügel.

Ein Wind füllt den Raum
mit fremden Lüften und
Schwaden fremderen Dunkels.

Wo ist das Nächste, was jeder Blick
uns antraute?
Eine reißende Wolke,
grau und dann schwefelgelb gefleckt.

Waagrecht fliegender Schnee!
Vor den Schreien des Nichts
gefrieren die wäßrigen Flocken,
wimmeln, verheeren das Land wie ein Schwarm
gieriger Mücken.

Mit halbem Auge sahn wir die Erde.
Ihr Spiegel zerbrach, unter Splittern
liegt sie nackt.
Von oben Willkür, kein Licht
scheint, und unten empfängt kein Schatten
den fallenden, ungestalten Tag.
Die Äcker sind schwarz wie vor Anfang.

Namenlos bleibt alles zurück,
wo selbst der Himmel
verstummte.

Tropfen fallen, der Schnee
dämmert, wird glasig. In dunklen Flecken
schimmert Gras. Noch stehen die Bäume
hölzern, da holt die Erwartung
Atem, der Boden dampft.

Wintervögel

Kommt der erste Schneesturm angeschnoben,
Hängt der Talgring schon am Giebel droben.
Sorgt euch nicht! In einem trocknen Eckchen
Baumelt prallgefüllt das Erdnußsäckchen.
Sonnenblumenkern mit Hanf und Lein
Werden reichlich vor dem Fenster sein.

Da der Kleiber taktstockmäßig klopft,
Läßt die Haubenmeise, spitzbeschopft,
Ihren wirschen Flötentriller los,
Und der Grünling kreischt tempestuos.
Weht ein Zirpen aus dem Schwarzgetann,
Welches nur ein Goldhähnchen sein kann.

Mit der Fastnachtsmaske vorm Gesicht,
Denkt die Blaumeise, man kennt sie nicht!
Stolz der Dompfaff wölbt den roten Bauch,
Und der Bergfink seinen bunten auch.
Glaubt man Blut auf falbem Flaum zu sehn,
Dürfte sichs um einen Hänfling drehn.

Ach was hat dies Rotkehlchen verführt,
Daß es nicht den Drang zum Wandern spürt!
Andre seinesgleichen schnalzen jetzt,
Wo der Kalif Storch den Schnabel wetzt.
Doch vielleicht auch ließ man sie bereits
Bruzzeln in der italien'schen Schweiz.

Dicke Amsel auf dem kahlen Ast,
Wo du jetzt noch deinen Schmer her hast?
Oder plusterst du dich nur aus Wut,
Wenn du siehst, was sich im Rinnstein tut?
Unbestritten hält dort seinen Platz,
Wie im Sommer, der gemeine Spatz.

Hundertmal das Hälschen ausgereckt,
Eh den Schnabel man ins Futter steckt!
Lautlos schleicht der Katzenfuß im Schnee,
Und der Stößer kreist in Wolkenhöh.
Viel zu viele gehen drauf alljährlich.
Paßt nur auf! Das Leben ist gefährlich …

Doch ihr wißt, daß man dem schwarzen Mann
Hinterm Fensterkreuz vertrauen kann.

GERTRUD KOLMAR

Winter

Der Triefbart zackt vereist vom Regenrohr.
Nordost steift wölfisch das gespitzte Ohr.

Ein Stern friert bläulich an, von Dunst umdickt.
Der Neuschnee klingelt glasbehängt und tickt.

Und Krähen schwimmen in den Acker schwer,
Der starre Wellen schlägt, ein schweigend Meer.

Ich steh am Uferwege, welk und klein,
Und senkte gern der Schäumeflut mich ein,

Die Fischernetze toter Amseln schleppt,
In steinern grünlich dunklen Abend ebbt.

Leicht splittert von der Wunde meiner Brust,
Dem schwarzen Kreis, ein Vogel ab: Gekrust.

Der Schneeglanz spült ihn hin: verdorrter Klang,
Der Regenbogen über Wälder sang.

Ich blieb. Durch meine Lider stichelt Reif.
Und hinterm Auge, weit, zerfließt ein Streif

In Grau und Rosa. Blaß verwischter Steig.
Ein Silberkelch, aprilner Pfirsichzweig,

Der leise, dichte Bienensüße weht.
Die Woge atmet in ein Scillabeet

Den stummen Fittich aus: er dehnt sich matt …
Kalt bleicht die Mondstirn, die kein Antlitz hat.

GEORG TRAKL

Im Winter

Der Acker leuchtet weiß und kalt.
Der Himmel ist einsam und ungeheuer.
Dohlen kreisen über dem Weiher
Und Jäger steigen nieder vom Wald.

Ein Schweigen in schwarzen Wipfeln wohnt.
Ein Feuerschein huscht aus den Hütten.
Bisweilen schellt sehr fern ein Schlitten
Und langsam steigt der graue Mond.

Ein Wild verblutet sanft am Rain
Und Raben plätschern in blutigen Gossen.
Das Rohr bebt gelb und aufgeschossen.
Frost, Rauch, ein Schritt im leeren Hain.

UNICA ZÜRN

Wenn die Wildgaense schreien

Wenn die Wildgaense schreien,
neig', Elch, dein weises Wandern
in den Schneewald. Wenige Reis-
graes'chen wende, in wilden Eis-
wassern wiegend. Indien-Elche
schreien, wenn die Wildgaense
Land gewinnen. Erde, sei weich,
wenn Schneereigen das Wild-Ei
naschen. Elen, wir sind die Wege!
Sing' deine Wanderweisen, Elch.

GEORG BRITTING

Krähen im Schnee

Die schwarzen Krähen auf dem weißen Feld:
Der Anblick macht mein Herz erregt.
Es stäubt der Schnee. In Wirbeln kreist die Welt.
Sie sitzen auf den Bäumen unbewegt.

Die Zaubertiere aus der alten Zeit,
Sie sind bei uns nur zu Besuch.
Sie tragen noch das Galgenvogelkleid,
Sie hörten einst den rauhen Henkerfluch.

Was denken sie? Ach, du errätst es nicht!
Sie starren einsam vor sich hin.
Der Himmel hat ein milchig trübes Licht.
So war die Welt im ersten Anbeginn.

Nun naht vom Wald her sich ein neuer Gast.
Die andern sehen ihm nicht zu.
Er läßt sich nieder auf dem weißen Ast.
Und dann ertönt auch durch die Winterruh

So rauh wie hohl der alte Krähenschrei.
In ihm ist Langweil und Verdruß.
So hocken sie, das schwarze Einerlei,
Und wirbelnd fällt der Schnee, wohin er muß.

JOACHIM RINGELNATZ

Stille Winterstraße

Es heben sich vernebelt braun
Die Berge aus dem klaren Weiß,
Und aus dem Weiß ragt braun ein Zaun,
Steht eine Stange wie ein Steiß.

Ein Rabe fliegt, so schwarz und scharf,
Wie ihn kein Maler malen darf,
Wenn er's nicht etwa kann.
Ich stapfe einsam durch den Schnee.
Vielleicht steht links im Busch ein Reh
Und denkt: Dort geht ein Mann.

Paraphrase von den Spuren im Schnee

Im Schnee lief eine Spur von bloßen Füßen.
Sie ging verloren, irgendwo am Straßenrand,
von Schuh'n zertreten, wehrlos, unerkannt.
Nun werd' ich winterlang den Bruder suchen müssen.

Im Schnee lief eine Spur von bloßen Füßen:
wir gingen warm verhüllt durch dunkle Zeit.
Weh uns, wenn wir dereinst den Frost der Herzen büßen!

Sie ging verloren, irgendwo am Straßenrand …
Wen kümmerts, ist man selber nur gefeit!
Die Flocke schmilzt nicht mehr, denn lieblos ist die
                                        Hand.

Von Schuh'n zertreten, wehrlos, unerkannt:
dies ist das Ende. Niemand gibt Geleit.
Ein böser Frost hat alle Tränen längst verbrannt.

Nun werd' ich winterlang den Bruder suchen müssen:
vielleicht werd' ich am Wege selbst verschneit …
Wenn Gott uns fände? Ach, nur seinen Saum zu küssen!

Im Schnee lief eine Spur von bloßen Füßen.
Sie ging verloren, irgendwo am Straßenrand,
von Schuh'n zertreten, wehrlos unerkannt.
Nun werd' ich winterlang den Bruder suchen müssen.

Februar

Vom Wind durch leere Straßen getrieben,
an Wirtshaus und Läden vorbei, –
Schnee hat meine Wangen gerieben
und riß mir die Haut entzwei.

Aus Asche gestreut verschlungene Zeichen
über dem freigewehten Stein.
Klingt mir das Ohr, wer will mich erreichen?
Kein Herz, kein Geläute holen mich ein.

Doch der Gedanke hat pochende Hufe,
und Kufen schleifen im Wagengleis,
ein Echo greift flüchtig nach Gitter und Stufe
aus windgebauschten Ärmeln von Eis.

Warst du es, Schatten, der meiner gedachte
und im Läuten der Schellen war?
Ach, der mich flüsternd anrief und lachte,
warf er mir Asche auf Brauen und Haar?

Frost

ILSE AICHINGER

Winteranfang

Im Fach liegt nichts mehr,
die Soldaten, die um Mittag starben,
schlafen leichter unter dem Glas.
Die Windrichtungen sind schuld,
daß die Gräser sich einzogen
und dürr wurden,
daß die Rahmen paßten,
die beschlossenen Herbste.
Wo flog mein Drachen hin, wie rasch,
wie kam es, sank er
orangenrot, um sich zur Ruh zu betten,
an euer Haus?

ERNST JANDL

vor winterbeginn

der frühling wird schon wieder kommen
wird schon wieder kommen, der frühling
und wieder wird der frühling kommen
und der frühling wird wieder kommen
frühling wird kommen, wieder ...
wer früher stirbt
muß sich nicht mehr daran halten
an dieses ewige
frühling sommer herbst winter
frühling sommer herbst winter
frühling sommer herbst winter
frühling sommer herbst winter
frühling
          wird kommen,
                    wieder ...
wer aber früher stirbt
hält sich nicht mehr an dieses
ewige ewige ewige ewige ewige . . . .
sondern
sondern
sondern
sondern
sondern
.
.
.
.
.
.

Dezember

Schwer der Übergang
Dieser Monat hat seine Wunden

Herzog Dezember
ein Fürst in unserem Land

Wir dienen ihm
Daß sein Glanz
uns nicht erdrücke
in unser Gebet

Schnee
uns zu Füßen
Weiße Sterne verbluten

Auch dieser Monat tut weh

Nebelland

Im Winter ist meine Geliebte
unter den Tieren des Waldes.
Daß ich vor Morgen zurückmuß,
weiß die Füchsin und lacht.
Wie die Wolken erzittern! Und mir
auf den Schneekragen fällt
eine Lage von brüchigem Eis.

Im Winter ist meine Geliebte
ein Baum unter Bäumen und lädt
die glückverlassenen Krähen
ein in ihr schönes Geäst. Sie weiß,
daß der Wind, wenn es dämmert,
ihr starres, mit Reif besetztes
Abendkleid hebt und mich heimjagt.

Im Winter ist meine Geliebte
unter den Fischen und stumm.
Hörig den Wassern, die der Strich
ihrer Flossen von innen bewegt,
steh ich am Ufer und seh,
bis mich Schollen vertreiben,
wie sie taucht und sich wendet.

Und wieder vom Jagdruf des Vogels
getroffen, der seine Schwingen
über mir steift, stürz ich

auf offenem Feld: sie entfiedert
die Hühner und wirft mir ein weißes
Schlüsselbein zu. Ich nehm's um den Hals
und geh fort durch den bitteren Flaum.

Treulos ist meine Geliebte,
ich weiß, sie schwebt manchmal
auf hohen Schuh'n nach der Stadt,
sie küßt in den Bars mit dem Strohhalm
die Gläser tief auf den Mund,
und es kommen ihr Worte für alle.
Doch diese Sprache verstehe ich nicht.

Nebelland hab ich gesehen,
Nebelherz hab ich gegessen.

PETER HUCHEL

Dezember

Nun wintert es in Luch und Lanken,
im Graben klirrt das schwarze Eis.
Und Schilf und Binsen an den Planken
stehn unterm Nebel steif und weiß.

Mit Kälte sind bepackt die Schlitten,
die Gäule eisig überglänzt.
Die Gans hängt starr, ins Hirn geschnitten.
Das fahle Rohr liegt flach gesenst.

Das Licht der Tenne ist erloschen.
Schnee drückt der kleinen Kirche Walm,
im Klingelbeutel friert der Groschen
und beizend schwelt der Kerzen Qualm.

Der Wind umheult die Kirchhofsmauer.
Des Todes karges Deputat
ist ein vereister Blätterschauer
der Eichen auf den letzten Pfad.

Hier ruhn, die für das Gut einst mähten,
die sich mit Weib und Kind geplagt,
landlose Schnitter und Kossäten.
Im öden Schatten hockt die Magd.

Die Nacht ist ihre leere Scheune.
Die toten Schafe ziehn zur Schur.
Des Winters Korn behäuft die Zäune,
furcht es die hungerharte Flur.

Der Sturm wohnt breit auf meinem Dache,
wie eine Grille zirpt der Frost.
Und wenn ich alternd nachts erwache,
stäubt Asche kalt vom morschen Rost.

Am Hoftor schwer die Balken knarren,
im Nebel läutet ein Gespann.
Ein Kummet klirrt und Hufe scharren.
Ich weiß, ein grober Knecht spannt an.

Der Wolken Mauer steht dahinter
auf Wald und See und grau wie Stein.
Bald wird das Feuer vieler Winter
in einer Nacht erloschen sein.

GOTTFRIED BENN

Einst

Einst, wenn der Winter begann,
du hieltest von seinen Schleiern,
den Dämmerdörfern, den Weihern
die Schatten an.

Oder die Städte erglommen
sphinxblau an Schnee und Meer –
wo ist das hingekommen
und keine Wiederkehr.

Alles des Grams, der Gaben
früh her in unser Blut – :
wenn wir *gelitten* haben,
ist es *dann* gut?

Am Wintermorgen

Am Wintermorgen zur bleichen Zeit,
grau starren die Gärten und kahl.
Zwei Mädchen frösteln im dünnen Kleid,
und der Wachtposten gähnt am Kanal.

Alte Weiblein, wie Dohlen dunkel und schmal,
flattern und rudern herum.
Sie huschen gescheucht ums Klosterspital,
doch ihre Schritte sind stumm.

Wie willst du den traurigen Tag bestehn?
Und zum Abend ist es noch weit.
Du wirst dir die Füße blutig gehn
in deiner Verlassenheit.

Da tritt aus dem Düster tastend ein Strahl
wie schüchterne Vogelmusik.
Und über dem schwarzen Kirchenportal
aufglüht das Goldmosaik.

Winternacht

1

Vor Kälte ist die Luft erstarrt,
Es kracht der Schnee von meinen Tritten,
Es dampft mein Hauch, es klirrt mein Bart;
Nur fort, nur immer fortgeschritten!

Wie feierlich die Gegend schweigt!
Der Mond bescheint die alten Fichten,
Die, sehnsuchtsvoll zum Tod geneigt,
Den Zweig zurück zur Erde richten.

Frost! friere mir ins Herz hinein,
Tief in das heißbewegte, wilde!
Daß einmal Ruh mag drinnen sein,
Wie hier im nächtlichen Gefilde!

2

Dort heult im tiefen Waldesraum
Ein Wolf; – wies Kind aufweckt die Mutter,
Schreit er die Nacht aus ihrem Traum
Und heischt von ihr sein blutig Futter.

Nun brausen über Schnee und Eis
Die Winde fort mit tollem Jagen,
Als wollten sie sich rennen heiß:
Wach auf, o Herz, zu wildem Klagen!

Laß deine Toten auferstehn
Und deiner Qualen dunkle Horden!
Und laß sie mit den Stürmen gehn,
Dem rauhen Spielgesind aus Norden!

ELSE LASKER-SCHÜLER

Winternacht
(Cellolied)

Ich schlafe tief in starrer Winternacht,
Mir ist, ich lieg' in Grabesnacht,
Als ob ich spät um Mitternacht gestorben sei
Und schon ein Sternenleben tot sei.

Zu meinem Kinde zog mein Glück
Und alles Leiden in das Leid zurück,
Nur meine Sehnsucht sucht sich heim
Und zuckt wie zähes Leben
Und stirbt zurück
    In sich.

Ich schlafe tief in starrer Winternacht,
Mir ist, ich lieg' in Grabesnacht.

JOSEPH VON EICHENDORFF

Winternacht

Verschneit liegt rings die ganze Welt,
Ich hab nichts, was mich freuet,
Verlassen steht der Baum im Feld,
Hat längst sein Laub verstreuet.

Der Wind nur geht bei stiller Nacht
Und rüttelt an dem Baume,
Da rührt er seinen Wipfel sacht
Und redet wie im Traume.

Er träumt von künftger Frühlingszeit,
Von Grün und Quellenrauschen,
Wo er im neuen Blütenkleid
Zu Gottes Lob wird rauschen.

GEORG HEYM

Mitte des Winters

Das Jahr geht zornig aus. Und kleine Tage
Sind viel verstreut wie Hütten in den Winter.
Und Nächte ohne Leuchten, ohne Stunden,
Und grauer Morgen ungewisser Bilder.

Sommerzeit, Herbstzeit, alles geht vorüber,
Und brauner Tod hat jede Frucht ergriffen.
Und andre kalte Sterne sind im Dunkel,
Die wir zuvor nicht sahn vom Dach der Schiffe.

Weglos ist jedes Leben. Und verworren
Ein jeder Pfad. Und keiner weiß das Ende,
Und wer da suchet, daß er Einen fände,
Der sieht ihn stumm und schüttelnd leere Hände.

MARIE LUISE KASCHNITZ

Früchte des Winters

Meine Einsamkeit ist noch jung, ein Kind.
Weiß nicht wie man Schneehütten baut
Wie man sich birgt in der Höhle.
Die Inseln auf denen ich mich ansiedeln will
Verschwinden gurgelnd im Wasser.
Jeden Tag bebt die Erde
Jede Nacht
Kommen die Winde
Meine Widersacher
Zerreißen die Hecke
Aus Traumblume Mohn.

Zu Kundschaftern taugen
Die nicht mehr kennen
Worte der Liebe und
Worte des Willkomms.
Auf ihrem verlorenen Posten
Bleiben sie stehen
Rufen werda
Und reden mit Geistern.

Wenn der Tod sie anspringt
Frostklirrend
Aus schwarzem Gebüsch
Fallen sie ihm entgegen
Früchte des Winters
Umstäubt
Von diamantenem Schnee.

PETER HÄRTLING

Schneelied

Mit dem Schnee
will ich trauern.
Schmelzen wird er
und deine Schritte
vergessen.
Hier
bist du gegangen.

Kehr zurück.
Laß dich bitten
mit dem erwachten
Fluß,
dem wieder
gefundenen Land.

Jetzt,
nach dem Frost,
tauen in meinen Briefen
die Sätze
und holen dich,
ohne Gedächtnis,
ein.

Kehr zurück.
Und sei
wie vor dem Schnee.

Landschaft

Rote Mühlen stehen an verschneitem Ufer:
Grüne Wellen tragen Eis statt gelben Schaum.
Schwarze Vögel, Unglückskünder, Unheilrufer,
Hocken hoch und schwer in einem hohlen Baum.

O wie viele Tiere im Gezweige nisten:
Meine bösen Stunden aber sind noch mehr.
Sorgenvögel müssen dort ihr Leben fristen:
Spähen durch die Silberäste hin und her.

Und ich weiß es nicht, ist so etwas ein Traum?
Denn ich baue ihn empor, den kahlen Baum!
Doch die fremden Vögel kamen ungerufen:
Ich kenne keine Fernen, die sie schufen.

Plötzlich drehen sich die Räder meiner Mühlen:
Bloß für einen Augenblick erbraust der Sturm.
Jetzt muß ich die Vögel in mir selber fühlen:
Weiter schleicht der eisgefleckte Wasserwurm.

ERICH FRIED

Nebelabend

Hier in der Türe
wo der Nebel wartet
müßte ich wütend sein
auf diesen Winter

und den Zorn um mich schlagen
als hochgeschlossenen Mantel
und hinausgehen
in die Kälte die weich zurückweicht

Aber dem Nebel
kann ich nicht böse sein
den Winter vor dem mir bang war
kann ich nicht hassen

Stillender Nebel
tröstlicher dienstbarer Dunst
ungewisse Umwölkung
der unbevölkerten Gassen

halbundurchsichtige Nachsicht
der vorsichtig tastenden Nacht
langsame Einsamkeit
fast freundliches Frösteln

Dieser Winter ist
kein Feind der eisig zupackt

kein Pack von pfeifendem Wind
und rasselnden Blättern

Auch kein Pakt mit dem Tod
daß er starrt in der starren Zeit
sondern er wartet
als würde er helfen wollen

NORBERT C. KASER

bittrer winter

novembernotiz:

trage den mantelkragen
                    aufgeschlagen
unweigerlich faellt
                die vorderste
                            reihe
& wir sind dran

dezember

herre jesu christ
da Du in dem himmel bist
behandle gestern wie heut
sehr bevorzugt meine leut

das bittet Dich
Dein ewigjunger TOD

jaenner

wie kann er der magre kleine
mit schepperndem gebeine
zertreten
unser fleisch

wie kurz & duerre ist
Dein name
TOD

wie arg Dein
     stachel

fasching & februar

geisterbahnen dienen dem
                            leben
masken dem gesicht
geaendert das licht
jeder stammtisch
            wird vererbt

maerz

furche & bauer
der krah auf der lauer
nach samen

die zeiten keimen

Winterfreuden

H. C. ARTMANN

wenn im öflein s feuer kracht,
winter durch das fenster lacht,
wenn die flocken lustig toben,
sollst den lieben werwolf loben.

fröhlich streunt er durch das feld,
fühlt den frieden dieser welt,
sträubt sein fellchen voller wonne,
frank und frei von aller sonne.

liebe kinder, nichts wie raus!
hurtig aus dem vaterhaus,
nehmt vom süßen weihnachtskuchen,
geht mit ihm den werwolf suchen.

Ein Lied
hinterm Ofen zu singen

Der Winter ist ein rechter Mann,
    Kernfest und auf die Dauer;
Sein Fleisch fühlt sich wie Eisen an,
    Und scheut nicht Süß noch Sauer.

War je ein Mann gesund, ist er's;
    Er krankt und kränkelt nimmer,
Weiß nichts von *Nachtschweiß* noch *Vapeurs,*
    Und schläft im kalten Zimmer.

Er zieht *sein Hemd* im Freien an,
    Und läßt's vorher nicht wärmen;
Und spottet über Fluß im Zahn
    Und Kolik in Gedärmen.

Aus Blumen und aus Vogelsang
    Weiß er sich nichts zu machen,
Haßt *warmen* Drang und *warmen* Klang
    Und alle *warme* Sachen.

Doch wenn die Füchse bellen sehr,
    Wenn's Holz im Ofen knittert,
Und um den Ofen Knecht und Herr
    Die Hände reibt und zittert;

Wenn Stein und Bein vor Frost zerbricht
  Und Teich' und Seen krachen;
Das klingt ihm gut, das haßt er nicht,
  Denn will er sich tot lachen. –

Sein Schloß von Eis liegt ganz hinaus
  Beim Nordpol an dem Strande;
Doch hat er auch ein Sommerhaus
  Im lieben Schweizerlande.

Da ist er denn bald dort bald hier,
  Gut Regiment zu führen.
Und wenn er durchzieht, stehen wir
  Und sehn ihn an und frieren.

THEODOR KRAMER

Das Nüsseklopfen

Wann's still im Winter Abend ward zuhause
und auf dem Herd die milde Lampe schien,
schob manchmal Mutter scherzend nach der Jause
vor uns den Sack mit welschen Nüssen hin.

Wir Buben fingen an, sie aufzuklopfen,
sie brachen unterm Stößel spröd entzwei;
selbst Vater hörte auf Tabak zu stopfen
und ließ zum Werk ein Weilchen sich herbei.

Bedächtig lösten aus den scharfen Scherben
und aus den Scheiden dann wir Kern um Kern,
um nicht die schönen Hälften zu verderben,
und naschten die zerquetschten Stückchen gern.

Wir ließen lang vor uns die Häufchen blinken;
und wuchs der Berg im Weitling hoch und breit,
so roch's nach Beugeln und nach Palatschinken ...
dann war's gewöhnlich schon fürs Nachtmahl Zeit.

GEORG TRAKL

Ein Winterabend
2. Fassung

Wenn der Schnee ans Fenster fällt,
Lang die Abendglocke läutet,
Vielen ist der Tisch bereitet
Und das Haus ist wohlbestellt.

Mancher auf der Wanderschaft
Kommt ans Tor auf dunklen Pfaden.
Golden blüht der Baum der Gnaden
Aus der Erde kühlem Saft.

Wanderer tritt still herein;
Schmerz versteinerte die Schwelle.
Da erglänzt in reiner Helle
Auf dem Tische Brot und Wein.

Märchen

Auf der Suche
nach etwas Schönem wie Schnee
ging ich leer aus
bis es des Wegs zu schneien begann

RAINER MARIA RILKE

An der Ecke

Der Winter kommt und mit ihm meine Alte,
die an der Ecke stets Kastanien briet.
Ihr Antlitz schaut aus einer Tücherspalte
froh und gesund, ob Falte auch bei Falte
seit vielen Jahren es durchzieht.

Und tüchtig ist sie, ja, das will ich meinen;
die Tüten müssen rein sein, und das Licht
an ihrem Stand muß immer helle scheinen,
und von dem Ofen mit den krummen Beinen
verlangt sie streng die heiße Pflicht.

So trefflich schmort auch keine die Maroni.
Dabei bemerkt sie, wer des Weges zieht,

und alle kennt sie – bis zum Tramwaypony;
sie treibts ja Jahre schon, die alte Toni ...
Und leise summt ihr Herd sein Lied.

MASCHA KALÉKO

Betrifft: Erster Schnee

Eines Morgens leuchtet es ins Zimmer,
und du merkst: 's ist wieder mal soweit.
Schnee und Barometer sind gefallen.
Und nun kommt die liebe Halswehzeit.

Kalte Blumen blühn auf Fensterscheiben.
Fröstelnd seufzt der Morgenblattpoet:
»Winter läßt sich besser nicht beschreiben,
als es schon im Lesebuche steht.«

Blüten kann man noch mit Schnee vergleichen,
doch den Schnee ... Man wird zu leicht banal.
Denn im Sommer ist man manchmal glücklich,
doch im Winter nur sentimental.

Und man muß an Grimmsche Märchen denken
und an einen winterweißen Wald
und an eine Bergtour um Silvester.
Und dabei an sein Tarifgehalt.

Und man möchte wieder vierzehn Jahr sein:
Weihnachtsferien … Mit dem Schlitten raus!
Und man müßte keinen Schnupfen haben,
sondern irgendwo ein kleines Haus,

und davor ein paar verschneite Tannen,
ziemlich viele Stunden vor der Stadt.
Wo es kein Büro, kein Telefon gibt.
Wo man beinah keine Pflichten hat.

Ein paar Tage lang soll nichts passieren!
Ein paar Stunden, da man nichts erfährt.
Denn was hat wohl einer zu verlieren,
dem ja doch so gut wie nichts gehört.

EDUARD MÖRIKE

An einem Wintermorgen, vor Sonnenaufgang

O flaumenleichte Zeit der dunkeln Frühe!
Welch neue Welt bewegest du in mir?
Was ists, daß ich auf einmal nun in dir
Von sanfter Wollust meines Daseins glühe?

Einem Kristall gleicht meine Seele nun,
Den noch kein falscher Strahl des Lichts getroffen;
Zu fluten scheint mein Geist, er scheint zu ruhn,
Dem Eindruck naher Wunderkräfte offen,

Die aus dem klaren Gürtel blauer Luft
Zuletzt ein Zauberwort vor meine Sinne ruft.

Bei hellen Augen glaub ich doch zu schwanken;
Ich schließe sie, daß nicht der Traum entweiche.
Seh ich hinab in lichte Feenreiche?
Wer hat den bunten Schwarm von Bildern und Gedanken
Zur Pforte meines Herzens hergeladen,
Die glänzend sich in diesem Busen baden,
Goldfarbnen Fischlein gleich im Gartenteiche?

Ich höre bald der Hirtenflöten Klänge,
Wie um die Krippe jener Wundernacht,
Bald weinbekränzter Jugend Lustgesänge;
Wer hat das friedenselige Gedränge
In meine traurigen Wände hergebracht?

Und welch Gefühl entzückter Stärke,
Indem mein Sinn sich frisch zur Ferne lenkt!
Vom ersten Mark des heutgen Tags getränkt,
Fühl ich mir Mut zu jedem frommen Werke.
Die Seele fliegt, so weit der Himmel reicht,
Der Genius jauchzt in mir! Doch sage,
Warum wird jetzt der Blick von Wehmut feucht?
Ists ein verloren Glück, was mich erweicht?
Ist es ein werdendes, was ich im Herzen trage?
– Hinweg, mein Geist! hier gilt kein Stillestehn:
Es ist ein Augenblick, und Alles wird verwehn!

Dort, sieh, am Horizont lüpft sich der Vorhang schon!
Es träumt der Tag, nun sei die Nacht entflohn;

Die Purpurlippe, die geschlossen lag,
Haucht, halbgeöffnet, süße Atemzüge:
Auf einmal blitzt das Aug, und, wie ein Gott, der Tag
Beginnt im Sprung die königlichen Flüge!

AUGUST HEINRICH HOFFMANN
VON FALLERSLEBEN

Der Schneemann

Seht, da steht er, unser Schneemann!
Das ist ein Geselle!
Stehet fest und unverzaget,
Weicht nicht von der Stelle.

Schaut ihm in die schwarzen Augen!
Wird euch denn nicht bange?
In der linken Hand da hat er
Eine lange Stange.

Einen großen Säbel hält er
Fest in seiner Rechten.
Kommt heran! er wird sich wehren,
Wird mit allen fechten.

Über ihn kann nur der Frühling
Einen Sieg gewinnen:
Blickt ihn *der* nur an von ferne,
Wird er gleich zerrinnen.

Aber halt dich tapfer, Schneemann!
Laß dir offenbaren:
Stehst du morgen noch, so wollen
Wir dich schlittenfahren.

GERHART HAUPTMANN

Eislauf

Auf spiegelndem Teiche
zieh' ich spiegelnde Gleise.
Der Kauz ruft leise.
Der Mond, der bleiche,
liegt über dem Teiche.

Im raschelnden Schilfe,
da weben die Mären,
da lachet der Sylphe
in silbernen Zähren,
tief innen im Schilfe.

Hei, fröhliches Kreisen,
dem Winde befohlen!
Glückseliges Reisen,
die Welt an den Sohlen,
in eigenen Kreisen!

Vergessen, vergeben,
im Mondlicht baden;
hingaukeln und schweben
auf nächtigen Pfaden!
Sich selber nur leben!

CHRISTIAN MORGENSTERN

Winter-Idyll

I

Schlitten klingeln durch die Gassen,
fußhoch liegt der Schnee geschichtet:
deutschem Winter muß man lassen,
daß er gar entzückend dichtet.

Und wir gehn, ein schneeweiß Pärchen,
Arm in Arm, mit heißen Wangen.
Welch ein süßes Wintermärchen
hält zwei Herzen heut gefangen!

II

Wie kann ein Tag voll so viel Schmerz
so wunderherrlich enden,
ein Abend an mein einsam Herz
so reiches Glück verschwenden!

Oh Mund, entflammt, oh Aug', entfacht
in schauerndem Begegnen! ...
Oh aller Wunder holder Nacht,
wie magst du so mich segnen! ...

III

Surre, surre, Rädchen,
hier sind tausend Fädchen
für ein Sonnenstrahlenzelt
um die weite, weite Welt!

Surre, surre, Rädchen,
denke doch! mein Mädchen
hat viel tausend Haare!
Reicht viel tausend Jahre!

Surre, surre, Rädchen,
tausend goldne Fädchen
wolln von dir zu Sonnenschein
heute noch gesponnen sein!

ULLA HAHN

Fest auf der Alster

All das Eis wir schwelgen
im Winter unter der Sonne
Laufen auf Kufen im Kreis

und gradaus mit und gegen
und durch Licht und Wind.
Alte Ehepaare ziehn sich
noch enger zusammen
Vater und Mutter kreisen
in hohem Bogen ums Kind.
Wippende Mädchen im heiratsfähigen Alter
lächeln aus der Hüfte heraus gutaus
staffierte Lilien in kühnen Kurven
kreuzen ihre Herzensmänner das Feld.
Sogar silbrige Herren und Damen geraten
ins Schleudern der Hut fliegt vom Kopf
der Hund rutscht hinterdrein
wittert Glühwein auf Eis.
Übermütig lächeln wir alle verschworene
Kinder die vom selben Süßen genascht
Werfen Lächeln wie Bälle uns zu
durch die lächelnde Luft. Lächeln
als gäbe es nichts zu bestehn
als den nächsten Schritt als geschähe
nur was wir im voraus schon sehn
bis an den Horizont von
Brücken Kirchen und Banken.
Lächelnd vergibt ein jeder von uns
seinem Nächsten und sich
diesen Nachmittag lang
all das Eis
unter der Sonne.

Sonne im Februar

Wir haben die Fenster
mit Schnee gewaschen
Helios atme sie trocken

Strähn
unser frostverästeltes Haar
mit dem Sonnenkamm

Freilich wir wissen
im Dornengarten
hast du schlafende Rosen begraben
bald wirst du sie wecken
kelchgerecht
für die Regentaufe

Wir werden
Zeugen sein

Indessen blühn
farblose Eisblumen
auf dem Moosdach
verwesender Väter

WILHELM MÜLLER

Frühlingstraum

Ich träumte von bunten Blumen,
So wie sie wohl blühen im Mai,
Ich träumte von grünen Wiesen,
Von lustigem Vogelgeschrei.

Und als die Hähne krähten,
Da ward mein Auge wach;
Da war es kalt und finster,
Es schrieen die Raben vom Dach.

Doch an den Fensterscheiben,
Wer malte die Blätter da?
Ihr lacht wohl über den Träumer,
Der Blumen im Winter sah?

Ich träumte von Lieb um Liebe,
Von einer schönen Maid,
Von Herzen und von Küssen,
Von Wonn' und Seligkeit.

Und als die Hähne krähten,
Da ward mein Herze wach;
Nun sitz ich hier alleine
Und denke dem Traume nach.

Die Augen schließ ich wieder,
Noch schlägt das Herz so warm.
Wann grünt ihr Blätter am Fenster?
Wann halt ich dich, Liebchen, im Arm?

Verheißung

Fühlst du durch die Winternacht,
Durch der kalten Sternlein Zittern,
Durch der Eiscrystalle Pracht,
Wie sie flimmern und zersplittern:
Fühlst nicht wehen laue Mahnung,
Keimen leise Frühlingsahnung?

Drunten schläft der Frühlingsmorgen,
Quillt in gärenden Gewalten
Und, ob heute noch verborgen,
Sprengt er rings das Eis in Spalten:
Und in wirbelnd lauem Wehen
Braust er denen, die's verstehen.

Hörst du aus der Worte Hall,
Wie sie kühn und trotzig klettern,
Und mit jugendlichem Prall
Klirrend eine Welt zerschmettern:
Hörst du nicht die leise Mahnung,
Warmen Lebensfrühlings Ahnung?

Hilfreicher Nachsatz

Wie sich das Galgenkind
die Monatsnamen merkt

Jaguar
Zebra
Nerz
Mandrill
Maikäfer
Ponny
Muli
Auerochs
Wespenbär
Locktauber
Robbenbär
Zehenbär.

Verzeichnis der Autoren
und Druckvorlagen

ILSE AICHINGER   (geb. 1921)

59, 209   Werke. Taschenbuchausgabe in acht Bänden. Bd. 8. Frankfurt a. M.: Fischer Taschenbuch Verlag, 1991. – © 1978 S. Fischer Verlag GmbH, Frankfurt am Main.

ANONYM

81   Des Knaben Wunderhorn. Alte deutsche Lieder gesammelt von Achim von Arnim und Clemens Brentano. Krit. Ausg. Bd. 3. Stuttgart: Reclam, 1987.

H[ANS] C[ARL] ARTMANN   (1921–2000)

44   Achtundachtzig ausgewählte Gedichte. Salzburg/Wien: Residenz Verlag, 1996 – © 1993 Verlag Klaus G. Renner, München und Salzburg, jetzt Porto / Castiglione del Lago, Italien.
226   allerleirausch. neue schöne kinderreime. böse formeln. ein büchlein zaubersprüchlein. Berlin: Rainer; München/Salzburg: Renner, 1993. – © 1993 Verlag Klaus G. Renner, München und Salzburg, jetzt Porto / Castiglione del Lago, Italien.
84, 166   Aus meiner Botanisiertrommel. Balladen und Naturgedichte. Salzburg/Wien: Residenz Verlag, 1984. – Mit Genehmigung von Rosa Artmann / Thomas Sessler Verlag, Wien.

ROSE AUSLÄNDER   (1901–1988)

144   Gesammelte Werke in sieben Bänden. [Bd. 1:] Die Erde war ein atlasweißes Feld. Gedichte 1927–1956. Frankfurt a. M.: S. Fischer, 1985. – © 1985 S. Fischer Verlag, Frankfurt am Main.
211   Gesammelte Werke in sieben Bänden. [Bd. 2:] Die Sichel mäht die Zeit zu Heu. Gedichte 1957–1965. Frankfurt a. M.: S. Fischer, 1985. – © 1985 S. Fischer Verlag, Frankfurt am Main.

167 Gesammelte Werke in sieben Bänden. [Bd. 3:] Hügel aus Äther unwiderruflich. Gedichte und Prosa 1966–1975. Frankfurt a.M.: S. Fischer, 1984. – © 1984 S. Fischer Verlag, Frankfurt am Main.
69, 100, 120, 239 Gesammelte Werke in sieben Bänden. [Bd. 5:] Ich höre das Herz des Oleanders. Gedichte 1977–1979. Frankfurt a.M.: S. Fischer, 1984. – © 1984 S. Fischer Verlag, Frankfurt am Main.
68 Gesammelte Werke in sieben Bänden. [Bd. 6:] Wieder ein Tag aus Glut und Wind. Gedichte 1980–1982. Frankfurt a.M.: S. Fischer, 1986. – © 1986 S. Fischer Verlag, Frankfurt am Main.

INGEBORG BACHMANN (1926–1973)

46, 120, 153, 210 Werke. Bd. 1. München: Piper, 1978 [u.ö.]. – © 1978 Piper Verlag GmbH, München.

HUGO BALL (1886–1927)

86 Die Aktion 4 (1914). Nr. 22.

JÜRGEN BECKER (geb. 1932)

45 Gedichte 1965–1980. Frankfurt a.M.: Suhrkamp, 1981. – © 1977 Suhrkamp Verlag, Frankfurt am Main.

GOTTFRIED BENN (1886–1956)

29, 215 Sämtliche Gedichte. Stuttgart: Clett-Cotta, 1998. – © 1998 J.G. Cotta'sche Buchhandlung Nachfolger GmbH, Stuttgart.
93, 125, 138 Statische Gedichte. Zürich: Arche Verlag, 1983 [u.ö.]. – © 1948, 2000 Arche Verlag AG, Zürich – Hamburg.

WERNER BERGENGRUEN (1892–1964)

176, 216 Herbstlicher Aufbruch. Gedichte. Zürich: Arche; München: Nymphenburger Verlagsbuchhandlung, 1965. – Mit Genehmigung von Luise Hackelsberger, Neustadt/Weinstraße.

URIEL BIRNBAUM   (1894–1956)

99   Eine Auswahl. Gedichte. Mit 24 Zeichnungen des Verfassers. Amsterdam: Erasmus, 1957.

ELISABETH BORCHERS   (geb. 1926)

230   Was ist die Antwort. Gedichte. Frankfurt a.M.: Suhrkamp, 1998. – © 1998 Suhrkamp Verlag, Frankfurt am Main.

BERTOLT BRECHT   (1898–1956)

123   Werke. Große kommentierte Berliner und Frankfurter Ausgabe. Bd. 11. Frankfurt a.M.: Suhrkamp, 1988. – © 1988 Suhrkamp Verlag, Frankfurt am Main.
66   Werke. Große kommentierte Berliner und Frankfurter Ausgabe. Bd. 12. Frankfurt a.M.: Suhrkamp, 1988. – © 1988 Suhrkamp Verlag, Frankfurt am Main.
43, 155   Werke. Große kommentierte Berliner und Frankfurter Ausgabe. Bd. 14. Frankfurt a.M.: Suhrkamp, 1993. – © 1993 Suhrkamp Verlag, Frankfurt am Main.

ROLF DIETER BRINKMANN   (1940–1975)

104   Westwärts 1 & 2. Gedichte. Mit Fotos des Autors. Reinbek bei Hamburg: Rowohlt, 1999. – © 1999 Rowohlt Taschenbuch Verlag GmbH, Reinbek bei Hamburg.

GEORG BRITTING   (1891–1964)

50, 89, 205   Gedichte 1940–1964. München/Leipzig: List, 1996. – Mit Genehmigung von Ingeborg Schuldt-Britting, Höhenmoos.

CHRISTINE BUSTA   (d.i. Christine Dimt, 1915–1987)

165   Lampe und Delphin. Gedichte. Salzburg: Müller, 1995 [u.ö.]. – © Otto Müller Verlag, Salzburg, 4. Auflage 1995.
107, 207   Der Regenbaum. Gedichte. Salzburg: Müller, 1995 [u.ö.]. – © Otto Müller Verlag, Salzburg, 2. Auflage 1995.

HANS CAROSSA   (1878–1956)

96   Sämtliche Werke. Bd. 1. Frankfurt a.M.: Insel Verlag, 1962. –
© 1962 Insel Verlag, Frankfurt am Main.

PAUL CELAN   (d.i. Paul Antschel, 1920–1970)

196   Gesammelte Werke in fünf Bänden. Bd. 1. Frankfurt a.M.:
Suhrkamp, 1983. – © 1959 S. Fischer Verlag, Frankfurt am Main.
34, 176   Gesammelte Werke in fünf Bänden. Bd. 3. Frankfurt a.M.:
Suhrkamp, 1983. – © 1983 Suhrkamp Verlag, Frankfurt am Main.
94   Mohn und Gedächtnis. Stuttgart: Deutsche Verlags-Anstalt,
1952. – © 1952 Deutsche Verlags-Anstalt GmbH, München.

ADELBERT VON CHAMISSO
(d.i. Louis Charles Adelaide de Chamisso de Boncourt, 1781–1838)

50, 193   Sämtliche Werke in zwei Bänden. Bd. 1. München/Wien:
Hanser, 1982.

HANNS CIBULKA   (geb. 1920)

32   Losgesprochen. Gedichte aus drei Jahrzehnten. Leipzig:
Reclam, 1989. – Mit Genehmigung von Hanns Cibulka, Gotha.

MATTHIAS CLAUDIUS   (1740–1815)

227   Ausgewählte Werke. Stuttgart: Reclam, 1990.

THEODOR DÄUBLER   (1876–1934)

154, 222   Dichtungen und Schriften. München: Kösel, 1956. – Mit
Genehmigung von Friedhelm Kemp, München.

MAX DAUTHENDEY   (1867–1918)

126   Gesammelte Gedichte und kleinere Versdichtungen. München: Langen, 1930.

HILDE DOMIN   (geb. 1909)

47, 133   Gesammelte Gedichte. Frankfurt a. M.: S. Fischer, 1987. – © 1987 S. Fischer Verlag, Frankfurt am Main.

ANNETTE VON DROSTE-HÜLSHOFF   (1797–1848)

90   Sämtliche Werke in zwei Bänden. Nach dem Text der Originaldrucke und der Handschriften. Bd. 1. München: Winkler, 1973.

ALBERT EHRENSTEIN   (1886–1950)

152   Werke. Bd. 4.2. [München:] Boer, 1997. – © 1997 Klaus Boer Verlag, München.

GÜNTER EICH   (1907–1972)

125, 136, 208   Gesammelte Werke. Bd. 1. Frankfurt a. M.: Suhrkamp, 1973. – © 1973 Suhrkamp Verlag, Frankfurt am Main.

JOSEPH VON EICHENDORFF   (1788–1857)

40   Gedichte. Stuttgart: Reclam, 1997.
218   Gedichte. Eine Auswahl. Stuttgart: Reclam, 1957 [u. ö.].

HANS-MAGNUS ENZENSBERGER   (geb. 1929)

33   Blindenschrift. Frankfurt a. M.: Suhrkamp, 1964. – © 1964 Suhrkamp Verlag, Frankfurt am Main.

ERICH FRIED   (1921–1988)

223   Gesammelte Werke. [Bd. 1:] Gedichte 1. Berlin: Wagenbach, 1993. – © 1993 Verlag Klaus Wagenbach, Berlin.

GERHARD FRITSCH   (1924–1969)

148   Gesammelte Gedichte. Salzburg: Müller, 1994. – © Otto Müller Verlag, Salzburg, 2. Auflage 1994.

STEFAN GEORGE   (1868–1933)

149, 164   Sämtliche Werke in 18 Bänden. Bd. 4. Stuttgart: Klett-Cotta, 1982. – © 1982 J. G. Cotta'sche Buchhandlung Nachfolger GmbH, Stuttgart.

ROBERT GERNHARDT   (geb. 1937)

55   Gedichte 1954–97. Zürich: Haffmans, 1999. – © 1999 S. Fischer Verlag GmbH, Frankfurt am Main

JOHANN WOLFGANG GOETHE   (1749–1832)

35   Faust-Dichtungen. Bd. 1. Stuttgart: Reclam, 1999.
60   Gedichte. Auswahl und Einleitung von Stefan Zweig. Stuttgart: Reclam, 1967 [u. ö.].

YVAN GOLL   (d. i. Isaac Lang, 1891–1950)

53, 197   Die Lyrik in vier Bänden. Bd. 2. Berlin: Argon Verlag, 1996. – Alle Rechte bei und vorbehalten durch Wallstein Verlag, Göttingen.

EUGEN GOMRINGER   (geb. 1925)

21, 74   vom rand nach innen. die konstellationen 1951–1995. Wien: Edition Splitter, 1995. – © 1995 Edition Splitter, Wien.

GÜNTER GRASS   (geb. 1927)

129   Werkausgabe in zehn Bänden. Bd. 1. Darmstadt/Neuwied: Luchterhand, 1987. – © 1997, 2002 Steidl Verlag, Göttingen.

LUDWIG GREVE   (1924–1991)

199   Das bleibt. Deutsche Gedichte 1945–1995. Leipzig: Reclam, 1995. – © 1991 S. Fischer Verlag, Frankfurt am Main.

PETER HÄRTLING   (geb. 1933)

105, 172, 221   Gesammelte Werke. Bd. 8. Köln: Kiepenheuer &
Witsch, 1999. – © 1999 Verlag Kiepenheuer & Witsch, Köln.

FRIEDRICH VON HAGEDORN   (1708–1754)

63   Die vier Jahreszeiten. Stuttgart: Reclam, 1991.

ULLA HAHN   (geb. 1946)

46   Herz über Kopf. Gedichte. Stuttgart: Deutsche Verlags-
Anstalt, 1981 [u. ö.]. – © 1981 Deutsche Verlags-Anstalt GmbH,
München.
237   Unerhörte Nähe. Gedichte. Mit einem Anhang für den, der
fragt. Stuttgart: Deutsche Verlags-Anstalt, 1988. – © 1988 Deutsche
Verlags-Anstalt GmbH, München.

JAKOB HARINGER   (d. i. Johann Franz Albert, 1898–1948)

65   Aber des Herzens verbrannte Mühle tröstet ein Vers. Ausgewählte Lyrik, Prosa und Briefe. Salzburg/Wien: Residenz Verlag,
1988. – © 1988 Residenz Verlag, Salzburg und Wien.

GERHART HAUPTMANN   (1862–1946)

142, 235   Sämtliche Werke. (Centenar-Ausgabe.) Bd. 4. Frankfurt
a. M. / Berlin: Propyläen Verlag, 1964. – © 1964 Ullstein Heyne List
GmbH & Co. KG, München.

FRIEDRICH HEBBEL   (1813–1863)

119   Werke. Nach der historisch-kritischen Ausgabe von R. M.
Werner systematisch geordnet. Bd. 1. Leipzig: Bibliographisches
Institut, 1941.
158   Werke. Tl. 1. Berlin/Leipzig: Bong & Co., [o. J.].

MAX HERRMANN-NEISSE   (d.i. Max Herrmann, 1886–1941)

56   Um uns die Fremde. Gedichte 2. Frankfurt: Zweitausendeins, 1986. – © 1986 by www.Zweitausendeins.de, Postfach, D-60381 Frankfurt am Main.

HERMANN HESSE   (1877–1962)

30, 95, 115, 124, 139, 173, 191   Gesammelte Werke. Bd. 1. Frankfurt a. M.: Suhrkamp, 1970. – © 1970 Suhrkamp Verlag, Frankfurt am Main.

GEORG HEYM   (1887–1912)

219   Dichtungen. München: Wolff, 1922.
67   Dichtungen. Stuttgart: Reclam, 1964 [u. ö.].
117   Dichtungen und Schriften. Gesamtausgabe. Bd. 1. Hamburg: Ellermann, 1965.

FRIEDRICH HÖLDERLIN   (1770–1843)

182   Gedichte. Stuttgart: Reclam, 2000.
189   Sämtliche Werke und Briefe. Bd. 1. Berlin: Aufbau-Verlag, 1970 [u. ö.].

LUDWIG CHRISTOPH HEINRICH HÖLTY   (1748–1776)

189   Der Göttinger Hain. Stuttgart: Reclam, 1984 [u. ö.].
73   Die vier Jahreszeiten. Gedichte. Stuttgart: Reclam, 1991.

AUGUST HEINRICH HOFFMANN (gen.) VON FALLERSLEBEN (1798–1874)

83, 234   Ausgewählte Werke in vier Bänden. Bd. 1. Leipzig: Hesse, [1905].

HUGO VON HOFMANNSTHAL   (1874–1929)

27   Gedichte. Stuttgart: Reclam, 2000.
241   Sämtliche Werke. Kritische Ausg. Bd. 2. Frankfurt a.M.: S. Fischer, 1988.

RICARDA HUCH   (1864–1947)

163   Gesammelte Werke. Bd. 5. Köln/Berlin: Kiepenheuer & Witsch, 1971. – Mit Genehmigung von Alexander Böhm, Rockenberg.

PETER HUCHEL   (1903–1981)

128   Ausgewählte Gedichte. Frankfurt a.M.: Suhrkamp, 1977. – Mit Genehmigung des Suhrkamp Verlags, Frankfurt am Main.
162, 213   Die Sternenreuse. Gedichte 1925–1947. München: Piper, 1973 [u.ö.]. – © 1967 Piper Verlag GmbH, München.

ERNST JANDL   (1925–2000)

171   poetische werke in 10 bänden. Bd. 1. München: Luchterhand Literaturverlag, 1997. – © 1997 Luchterhand Literaturverlag GmbH, München.
210   Ebd. Bd. 3.
102   Ebd. Bd. 5.
45   Ebd. Bd. 7.

ERICH KÄSTNER   (1899–1974)

169   Gedichte. Frankfurt a. M.: Büchergilde Gutenberg, 1981 [u.ö.]. – Mit Genehmigung der Atrium Verlags AG, Zürich.

MASCHA KALÉKO   (1912–1975)

151, 231   Das himmelgraue Poesie-Album. Deutscher Taschenbuch Verlag. – © Gisela Zoch-Westphal.
54   In meinen Träumen läutet es Sturm. Gedichte und Epigramme aus dem Nachlaß. München: Deutscher Taschenbuch Verlag, 1977 [u. ö.]. – © 1997 Deutscher Taschenbuch Verlag, München.

MARIE LUISE KASCHNITZ   (1901–1974)

156   Gesammelte Werke. Bd. 5. Frankfurt a. M.: Insel Verlag, 1985.
– © 1985 Suhrkamp Verlag, Frankfurt am Main.
72, 109, 220   Überallnie. Ausgewählte Gedichte 1928–1965. Hamburg: Claassen, 1998. – Mit Genehmigung der Ullstein Heyne List GmbH & Co. KG, München.

NORBERT C[ONRAD] KASER   (1947–1978)

111, 224   Gesammelte Werke. Bd. 1. Innsbruck: Haymon, 1988. –
© 1988 Haymon-Verlag, Innsbruck.

GOTTFRIED KELLER   (1819–1890)

112, 192   Sämtliche Werke und ausgewählte Briefe. Bd. 3. München: Hanser, 1972 [u.ö.].

KLABUND   (d.i. Alfred Henschke, 1890–1928)

137   Die Harfenjule. Neue Zeit-, Streit- und Leidgedichte. Berlin: Die Schmiede, [1927].
195   Die Himmelsleiter. Neue Gedichte. Berlin: Reiss, [1916].
110   Der himmlische Vagant. Ein lyrisches Porträt des François Villon. München: Roland-Verlag, 1919.

FRIEDRICH GOTTLIEB KLOPSTOCK   (1724–1803)

114   Oden. Stuttgart: Reclam, 1966 [u.ö.].

GERTRUD KOLMAR   (d.i. Gertrud Chodziesner, 1894–1943)

93, 202   Das lyrische Werk. München: Kösel, 1960. – Mit Genehmigung des Suhrkamp Verlags, Frankfurt am Main.

THEODOR KRAMER   (1897–1958)

185, 228   Gesammelte Gedichte. Bd. 3. Wien: Europa Verlag, 1987.
– © 1997 Paul Zsolnay Verlag, Wien.

KARL KROLOW   (1915–1999)

98, 141 Als es soweit war. Gedichte. Frankfurt a.M.: Suhrkamp, 1988. – © 1988 Suhrkamp Verlag, Frankfurt am Main.

ELISABETH LANGGÄSSER   (1899–1950)

51 Gedichte. Hamburg: Claassen, 1959. – Mit Genehmigung der Ullstein Heyne List GmbH & Co. KG, München.

ELSE LASKER-SCHÜLER   (1869–1945)

25, 72, 174, 218 Gesammelte Werke. Bd. 1. Frankfurt a.M.: Suhrkamp, 1997. – © 1996 Suhrkamp Verlag, Frankfurt am Main.

CHRISTINE LAVANT   (d.i. Christine Habernig, 1915–1973)

106, 116, 175 Die Bettlerschale. Gedichte. Salzburg: Müller, 1991 [u.ö.]. – © Otto Müller Verlag, Salzburg, 6. Auflage 1991.
70 Der Pfauenschrei. Gedichte. Salzburg: Müller, ⁴1991. – © Otto Müller Verlag, Salzburg, 4. Auflage 1991.

GERTRUD VON LE FORT   (1876–1971)

177 Gedichte und Aphorismen. München: Ehrenwirth, 1984 [u.ö.]. – © 1970, 1984 Franz Ehrenwirth Verlag GmbH & Co. KG, München.

NIKOLAUS LENAU
(d.i. Nikolaus Franz Niembsch Edler von Stehlenau, 1802–1850)

217 Gedichte. Ausw. und Nachw. von Heinz Rieder. Stuttgart: Reclam, 1985 [u.ö.].
146 Gedichte. Hrsg. von Hartmut Steinecke. Stuttgart: Reclam, 1993 [u.ö.].
39 Lenaus Werke in einem Band. Berlin/Weimar: Aufbau-Verlag, 1981.
184 Werke. Bd. 1. Leipzig/Wien: Bibliographisches Institut, [o.J.].

DETLEV VON LILIENCRON (1844–1909)

31, 141   Gedichte. Stuttgart: Reclam, 1981 [u.ö.].
92   Werke. Bd. 1. Frankfurt a.M.: Insel Verlag, 1977.

OSKAR LOERKE (1884–1941)

101   Die Gedichte. Frankfurt a.M.: Suhrkamp, 1984. – © 1983 Suhrkamp Verlag, Frankfurt am Main.

PAULA LUDWIG (1900–1974)

49, 137   Gedichte. Gesamtausgabe. Ebenhausen: Langewiesche-Brandt, 1986. – © 1986 Langewiesche-Brandt KG, Ebenhausen bei München.

FRIEDERIKE MAYRÖCKER (geb. 1924)

79, 197   Ausgewählte Gedichte. 1944–1978. Frankfurt a.M.: Suhrkamp, 1986. – © 1979 Suhrkamp Verlag, Frankfurt am Main.

SELMA MEERBAUM-EISINGER (1924–1942)

28, 149   Ich bin in Sehnsucht eingehüllt. Gedichte eines jüdischen Mädchens an seinen Freund. Hamburg: Hoffmann und Campe, 1980. – © 1980 by Hoffmann und Campe Verlag, Hamburg.

EDUARD MÖRIKE (1804–1875)

42, 232   Gedichte. Stuttgart: Reclam, 1977 [u.ö.].

CHRISTIAN MORGENSTERN (1871–1914)

245   Alle Galgenlieder. Galgenlieder. Palmström. Palma Kunkel. Der Gingganz. Stuttgart: Reclam, 1989 [u.ö.].
114   Ich und Du. Sonette. Ritornelle. Lieder. München: Piper, 1919 [u.ö.].
236   Werke und Briefe. Stuttgarter Ausg. Bd. 1. Stuttgart: Urachhaus, 1988. – © 1988 Verlag Urachhaus Johannes M. Mayer GmbH, Stuttgart.

WILHELM MÜLLER (1794–1827)

240 W.M. / Franz Schubert: Die schöne Müllerin. Die Winterreise. Textausgabe. Stuttgart: Reclam, 2001.

FRIEDRICH NIETZSCHE (1844–1900)

181 Gedichte. Stuttgart: Reclam, 1964.

DETLEF OPITZ (geb. 1956)

161 WortBild. Visuelle Poesie in der DDR. Halle/Leipzig: Mitteldeutscher Verlag, 1990. – Mit Genehmigung von Detlef Optiz, Berlin.

REINHARD PRIESSNITZ (1945–1985)

133 R.P. / Johannes Zechner: Blaue Lauben. Bilder zu Gedichten. Graz/Wien: Droschl, 1998. – © 1998 Literaturverlag Droschl, Graz – Wien.

JOHANN ANTON FRIEDRICH REIL (1773–1843)

37 Texte deutscher Lieder. Ein Handbuch. München: Deutscher Taschenbuch Verlag, 1968 [u.ö.].

RAINER MARIA RILKE (1875–1926)

180 Gedichte. Stuttgart: Reclam, 1998.
32, 111, 230 Sämtliche Werke. Bd. 1. Wiesbaden: Insel Verlag, 1955.

JOACHIM RINGELNATZ (1883–1934)

88, 206 Sämtliche Gedichte. Zürich: Diogenes, 1997. – © 1997 Diogenes Verlag AG, Zürich.

FRIEDRICH RÜCKERT   (1788–1866)
71, 80, 183   Gedichte. Stuttgart: Reclam, 1998 [u. ö.].

PETER RÜHMKORF   (geb. 1929)
103   Gesammelte Gedichte. Reinbek bei Hamburg: Rowohlt, 1976. – © 1959, 1962, 1972, 1975, 1976 Rowohlt Verlag GmbH, Reinbek bei Hamburg.

JOHANN GAUDENZ VON SALIS-SEEWIS   (1762–1834)
134   Gedichte. Leipzig: Reclam, [o. J.].

WOLFDIETRICH SCHNURRE   (1920–1989)
102   Das bleibt. Deutsche Gedichte 1945–1995. Leipzig: Reclam, 1995. – Mit Genehmigung der Ullstein Heyne List GmbH & Co. KG, München.

ERNST STADLER   (1883–1914)
26   Der Aufbruch und ausgewählte Gedichte. Stuttgart: Reclam, 1967 [u. ö.].

THEODOR STORM   (1817–1888)
108   Gedichte. Auswahl. Stuttgart: Reclam, 1978 [u. ö.].
159   Sämtliche Werke in zwei Bänden. Bd. 2. München: Winkler, 1951 [u. ö.].

JESSE THOOR   (d. i. Peter Karl Höfler, 1905–1952)
64   Das Werk. Sonette. Lieder. Erzählungen. Frankfurt a. M.: Europäische Verlagsanstalt, 1965. – © 1965 Sabine Groenewold Verlage KG, Hamburg.

GEORG TRAKL (1887–1914)

48, 145, 153 Dichtungen und Briefe. Historisch-kritische Ausgabe. 2., erg. Aufl. Bd. 1. Salzburg: Müller, 1987.
105, 121, 204, 229 Werke. Entwürfe. Briefe. Stuttgart: Reclam, 1984 [u. ö.].

LUDWIG UHLAND (1787–1862)

41 Gedichte. Stuttgart: Reclam, 1974 [u. ö.].

ANTON WILDGANS (1881–1932)

62, 168 Gedichte. Musik der Kindheit. Kirbisch. Wien: Kremayr & Scheriau, 1976 [u. ö.].

PAUL ZECH (1881–1946)

194 Vom schwarzen Revier zur neuen Welt. Gesammelte Gedichte. Frankfurt a. M.: Fischer Taschenbuch Verlag, 1990. – © 1983 Carl Hanser Verlag, München – Wien.

CARL ZUCKMAYER (1896–1977)

57, 119, 150, 201 Abschied und Wiederkehr. Gedichte 1917–1976. Frankfurt a. M.: Fischer Taschenbuch Verlag, 1997. – Mit Genehmigung der S. Fischer Verlag GmbH, Frankfurt am Main.

UNICA ZÜRN (1916–1970)

205 Gesamtausgabe in vier Bänden. Bd. 1. Berlin: Brinkmann & Bose, 1988. – Mit Genehmigung des Verlags Brinkmann & Bose, Berlin.

Jubiläums-Edition

Blumen auf den Weg gestreut
Gedichte
Hrsg. von Heinke Wunderlich. 16 Farbabb.
308 S.

Geh mir aus der Sonne!
Anekdoten über Philosophen und andere Denker
Hrsg. von Peter Köhler
235 S.

Germanische Heldensagen
Nach den Quellen neu erzählt von Reiner Tetzner
356 S.

Karl-Heinz Göttert: Daumendrücken
Der ganz normale Aberglaube im Alltag
239 S.

Gute Gedanken für alle Tage
Hrsg. von Evelyne Polt-Heinzl
276 S.

Heiteres Darüberstehen
Geschichten und Gedichte zum Vergnügen
Zusammengestellt von Stephan Koranyi
Mit Vignetten von Gustav Klimt
326 S.

Das Märchenbuch
Hrsg. von Lisa Paulsen
Mit Illustrationen von Werner Rüb
442 S.

Nichts ist versprochen
Liebesgedichte der Gegenwart
Hrsg. von Hiltrud Gnüg
303 S.

Die Poesie der Jahreszeiten
Gedichte
Ausgewählt von Evelyne Polt-Heinzl
und Christine Schmidjell
261 S.

Stimmen im Kanon
Deutsche Gedichte
Auswahl und Nachwort von Ulla Hahn
367 S.

Reclam